瑜伽经

帕谭佳里◎梵文原著

霍华德·雷斯尼克（Howard J. Resnick）◎英文译著

嘉娜娃◎中译

中国社会科学出版社

图书在版编目(CIP)数据

瑜伽经/帕谭佳里梵文原著，霍华德·雷斯尼克（Howard J. Resnick）英文译著，嘉娜娃中译.—北京：中国社会科学出版社，2017.7（2025.8 重印）

ISBN 978-7-5203-0642-3

Ⅰ.①瑜… Ⅱ.①帕…②霍…③嘉… Ⅲ.①瑜伽派—研究 Ⅳ.①B351

中国版本图书馆 CIP 数据核字(2017)第 152043 号

出 版 人 季为民
责任编辑 张 林
特约编辑 李树琦
责任校对 张依婧
责任印制 戴 宽

出 版 中国社会科学出版社
社 址 北京鼓楼西大街甲 158 号
邮 编 100720
网 址 http://www.csspw.cn
发 行 部 010-84083685
门 市 部 010-84029450
经 销 新华书店及其他书店

印刷装订 北京君升印刷有限公司
版 次 2017 年 7 月第 1 版
印 次 2025 年 8 月第 2 次印刷

开 本 880×1230 1/32
印 张 5.125
插 页 2
字 数 99 千字
定 价 38.00 元

凡购买中国社会科学出版社图书，如有质量问题请与本社营销中心联系调换
电话：010-84083683

目　录

绪言 ……………………………………………………………… (1)
导言 ……………………………………………………………… (3)
第一部分　全神贯注(萨玛迪)篇 …………………………… (5)
第二部分　练习篇 ……………………………………………… (47)
第三部分　神秘力量篇 ………………………………………… (91)
第四部分　解脱篇 ……………………………………………… (129)

绪　言

2004年秋天，在加利福尼亚的San Luis Obispo城，一组瑜伽行者组织了由Howard J. Resnick博士(Srila Hridayananda Das Goswami Acharyadeva)宣讲的有关帕谭佳里《瑜伽经》的一系列讲座。讲座以他本人从梵文典籍翻译成英文的译著为基础，用实际、简明、易吸收的方式解释了每一句经文。

要找到比 Resnick 博士更有资格呈献《瑜伽经》教导的人极为困难。Resnick 博士在哈佛大学获得了梵文及印度学博士学位，拥有几十年翻译和评注其他重要梵文典籍的经验。有关他在这方面的特殊贡献是，继世界著名梵文学者 A. C.巴克提韦丹塔·斯瓦米·帕布帕德之后，他翻译、评注了由一万八千节诗组成的卷帙浩繁的《博伽梵往世书》(*Bhagavata Purana*)——《圣典博伽瓦谭》(*Srimad Bhagavatam*)的最后两篇。

A. C.巴克提韦丹塔·斯瓦米·帕布帕德的追随者们赏识 Resnick 博士有关梵文方面广博的学识，对高迪亚·外士纳瓦传统哲学的深刻了解，以及对他的工作和使命的全心奉献，于是委托 Resnick 博士继续完成对《圣典博伽瓦谭》最后两篇的翻译和评注。A. C.巴克提韦丹塔·斯瓦米·帕布帕德对《圣典博伽瓦谭》所给予的符合奉爱瑜伽精神的评注，在所有对《圣典博伽瓦谭》的评注中不仅受到世人最高的赞赏和敬重，而且被全世界的学者和宗教人士尊为是在英语版本中对这一重要的宗教古籍最有权威的评注。

作为 A. C.巴克提韦丹塔·斯瓦米·帕布帕德忠实的追随者，Resnick 博士除了致力于写作和出版对古印度梵文典籍的研究文献，近四十年来还周游世界，为世人提供灵性方面的指导。他作为奉爱瑜伽传承中真正的瑜伽大师，以身作则为成千上万的灵修之人树立了榜样。

由于对帕谭佳里在《瑜伽经》中所给予的概念和实践方法具有深刻的领悟和实际体验，他对《瑜伽经》的翻译和评注极为清晰且简单明了，为想要不断改善和提高自己的人揭开了覆盖在《瑜伽经》上的神秘面纱，揭示了其中的真正内涵。

导　言

梵文“sutra(经)”的意思是“线、纱线、细绳或金属丝”。这个词也被用来描述韦达文化中的一类文献，这类文献以简明扼要的方式呈现某种类型的知识。为此，sutra(经)传统上都伴有评注。世上有主题分别是哲学、祭祀仪式和道德准则(dharma)等的经文。《瑜伽经》(*Yoga Sutra*)叙述的是瑜伽的实质，包括它的原理，练习时会遇到的障碍，中间的结果，以及最终的目标。

梵文“尤嘎(yoga, 瑜伽)”一词来自词根“尤之(yuj)”，意思是“连接、使有密切的关系、联系”。在英文词汇中，我们还有一个发音相近的词“牛轭、纽带、联结(yoke)”。另一个例子是英文“配偶的(conjugal)”的一词，其中的“jug”就是梵文词根“尤之(yuj)”的音译。这个词在韦达典籍阐述有关“与……相连”，“与……协调一致”或“与某事、某人一致”的更深层的概念中被频繁使用，例如：在《博伽梵歌》(*Bhagavad-Gita*)中，便再三使用了梵文“连在一起(yukta)”一词。

印度有六个正统的哲学体系。它们因为都以韦达典籍中的教导为基础，所以被视为是正统的。其他如耆纳教和佛教等产生于印度的体系，则拒绝韦达经典的权威性，试图建立自己的训诫和文献等。这六个正统的体系构成了如今被称为印度教的一部分。

瑜伽属于六个体系中的一个，与数论哲学和谐一致，协调共存。在《博伽梵歌》第5章的第4节诗中，奎师那解释说，只有幼稚的人才会认为瑜伽不同于数论哲学。奎师那声明，在这两者中的任何一个领域里达到完美境界，都能得到两者的共同利益。完全了解数论哲学的人，达到瑜伽的完美境界；而达到瑜伽完美境界的人，理解数论哲学的内容。梵文“数论(sankhya)”一词来自词根“sam”，意思是“一起”，而“khya”的意思是“讲述、描述、告知或解释”，所以加在一起的意思就是“列举”。作为一个哲学体系，数论哲学的目标是列举实际存在的基本成分，分析构成真实存在的基本要素。在整部《瑜伽经》中，帕谭佳里将运用数论哲学中的术语，所以当有那些术语出现时，我们就会给予解释，以便读者理解。帕谭佳里在接受数论体系中对真实存在的看法和定义的基础上撰写了《瑜伽经》。

据猜测，帕谭佳里是生活在第一个千禧年初期的人物，继耶稣显现后不久出现。然而正如第一句经文中解释的，他的教导远比那时要古老得多。

第一部分
全神贯注(萨玛迪)篇

1.1

अथ योगानुशासनम्

atha yogānuśāsanam

现在讲授瑜伽教导的内容。

评注 梵文“atha”的意思是“现在”，通常用于经文的起始部分。评注者们解释说，这个“现在”，是在说“你现在已经准备好学习程度更深刻的知识或学问”时用。梵文“ānuśāsanam”一词由“ānu”和“śāsanam”构成，而“ānu”的意思是“跟随”，“śāsanam”的意思是“教导”。帕谭佳里通过用“ānu”一词让我们能够了解，他并没有教授或自创某种新东西，而只是在解释以前已经存在了的知识。“śāsanam”一词也很重要，因为它的词根是

“śās”，意思是“命令”；而从它，我们可以得到梵文“圣典(śāstra)”或“法典”一词。换句话说，帕谭佳里说的是，他将在《瑜伽经》中呈现由前辈导师们传递的传统指令。他现在将要呈现这种传统教导的第一项内容。

1.2

योगश्चित्तवृत्तिनिरोधः

yogaś citta-vṛtti-nirodhaḥ

瑜伽抑制心念的多变。

评注 梵文“vṛtti”的意思是“翻转或变化”，“citta”是指“想法、心念”。梵文“nirodhaḥ”的意思是“阻止、抑制或控制”。帕谭佳里以对瑜伽的定义开始他的著作，而这一定义可以有两种不同的解释。第一种，也是常见的《瑜伽经》翻译中的解释是：必须阻止心念的翻转、变动，或者抑制它的功能。我们只要稍微反省、观察一下就足以看到，我们的思维平常有多活跃，总是思绪万千，想到过去、现在和未来，不停地从一个主题跳到另一个主题。因此，瑜伽的目的看来是要让它停下来。然而，我们如果更细心地分析这句经文和其他经文，以及更深入地了解作为《瑜伽经》背景资料的数论哲学就会发现，这只是我们要完成的一半工作。瑜伽不只是阻止或减少万千的思绪，事实上还需要正确地引导和运用心念。关键是要了解：在

《瑜伽经》及奥义书等其他古典韦达经典中，经常用否定的方式解释某一事物不具备尘世的品质或应该予以摒弃，但要去获得那同一事物的灵性(超然)的品质。换句话说，这样的诠释让我们拒绝事物的世俗方面，转而寻找它的超然方面。例如，帕谭佳里在这部《瑜伽经》3.43和4.18句经文中用同一个词“vṛtti”指出，练瑜伽要取得成功，就必须有思维和心念的转变。在奥义书中，我们可以看到“真理无法用言语描述”等说明。然而，奥义书是用文字写就的！有些经典中说，至尊神没有形象，但其他经典中解释说祂有永恒的形象。这在韦达知识典籍中随处可见。因此，我们不该误解这部《瑜伽经》是在声称应该“关掉”思维或心念；相反，应该这样控制它，即：让它“关掉”世俗的想法，将它引导向灵性的目标并利用它。下一句经文便描述要达到的这一状态。

1.3

तदा द्रष्टुः स्वरूपेऽवस्थानम्

tadā draṣṭuḥ svarūpe ’vasthānam

随后，观看者以他本人的形象稳处。

评注 控制心念力量的结果是：随后(tadā)，那个人(draṣṭuḥ)将被置于(avasthānam)他真正的状态或形象(svarūpa)中。描述这个“自我”的梵文术语是“观看者

(draṣṭuḥ)”。这个词在《瑜伽经》中随处可见，将对“有意识的生物”一句给予我们简单、具体的概念，并强调觉悟自我所需要的技术。“svarūpa”一词很有趣，但经常被翻译错。梵文“sva”就是指“你的”，我们在拉丁文中可以看到有一个几乎一样的词，而它在西班牙文中是“su”，在葡萄牙文中是“sua”。梵文“rūpa”一词指形象，也常用来指“躯体”。这意味着我们有一个永恒的自然状态，即存在的真实(超然)的个人状态。帕谭佳里明确地说：瑜伽的完美境界是，以我们永恒的形象存在于我们真正的自然状态中，而不是失去我们的那个形象或个体性，从而停止存在或融入某种超然的光中。《瑜伽经》中没有一个地方说，在我们提升的过程中，我们将失去自己的个体特征；在其他重要的韦达哲学典籍中也找不到这样的说明。《博伽梵歌》中所强调解释的则是恰恰相反的事实。就有关这一点，《喀塔奥义书》第2篇第1章的第12节诗中作出完美的说明道：“在所有永恒并具有意识的生物中，有一位最重要的生物，因为祂照料其他生物的所需(nityo nityānāṁ cetanas cetanānāṁ / eko bahūnāṁ yo vidadhāti kāmān)。”

这句经文还帮助我们了解，我们没有处在瑜伽的状态中时，就生活在由身份、天性、行动、欲望、外形和躯体等构成的充满错觉和假象的状态中。这将在下一节经文中给予解释。

1.4

वृत्तिसारूप्यमितरत्र

vṛtti-sārūpyam itaratra

否则，就会把心念编造出的形象当事实加以接受。

评注 否则(itaratra)，观察者就会接受心念编造出(vṛtti)的形象(sārūpyam)。帕谭佳里在这句经文中告诉我们有两种选择：一种是不练瑜伽，生活在错误的心理认知和随之制造出的处境中(经文1.4)；或者练瑜伽，恢复我们永恒、真实的状态(经文1.3)。在第1部分的第2句经文中，梵文“翻转或变化(vṛtti)”一词谈到了世俗和超然的两种程序。这第4句经文讲述的是如果我们不练瑜伽会有什么后果，清楚地说明“翻转或变化(vṛtti)”是指练瑜伽的人要消除心念一直不断的世俗性变化。帕谭佳里明确地说，我们如果不控制自己的心理活动，就会被它们俘获，就会按照不受控制的心念杜撰出的错误概念生活。下面将继续描述这些心理活动的过程(vṛtti)。

1.5

वृत्तयः पञ्चतयः क्लिष्टाक्लिष्टाः

vṛttayaḥ pañcatayaḥ kliṣṭākliṣṭāḥ

心念的多变有五种，引起痛苦的或不引起痛苦的。

1.6

प्रमाणविपर्ययविकल्पनिद्रास्मृतय

pramāṇa-viparyaya-vikalpa-nidrā-smṛtayaḥ

它们分别是：

判断、错误的判断、想象、睡眠和记忆。

评注 帕谭佳里在后面会给我们更详细地解释这些特殊的术语。我们必须了解的重点是：这句经文很显然并不是要我们只简单地将这些内容从生活中剔除出去。就连字面意思是“返回(viparyaya)”的这个词，都能以积极的方式用来描述永恒的状态(svarūpa)。帕谭佳里如果没有对梵文和瑜伽含义的“记忆”，就无法写《瑜伽经》。他也没有回避“判断”写什么内容最好。在第1部分的第20句经文中将提到，记忆在瑜伽练习中是获取智慧和进步的因素之一。我们在《博伽梵歌》第6章的第17节诗中看到，练瑜伽的人需要控制他的睡眠习惯(而不只是停止睡眠)。我们必须深入研究，以便了解这五项内容所具有的正面意义和负面意义。换句话说，我们必须了解，这些心理活动什么时候会给我们制造麻烦，什么时候是可以利用的。这就是前一句经文所提到的“引起痛苦的或不引起痛苦的(kliṣṭākliṣṭāḥ)”一句的含义。

在自我观察一段时间并了解我们现在所谈论的主题后，我们就会明白，我们内心一直不断地在从事这些心理活动中的一项或多项内容。

1.7

प्रत्यक्षानुमानागमाः प्रमाणानि

pratyakṣānumānāgamāḥ pramāṇāni

判断以感知、推理和权威为基础。

评注 帕谭佳里在此讲述的是，从无法追溯的年代起就存在，至今仍被韦达文化的追随者所运用的韦达认识论。这句经文详细阐述第1部分第6句经文中提到的第一个内容pramāṇa，它的字面意思是“用来衡量某事物的那个”，它通常被翻译成“证据”或“证明”。为此，作为一个过程，梵文 pramāṇa 指的是“判断活动”，它取决于我们把什么证据接受为是真实的。随后，我们的判断就成为我们制定目标、作出评估和选择的基础。

梵文“pratyakṣa”的意思是，透过观察得到的直接的知识证据，现在称为“以观察为依据的知识”。这包括透过感官知觉获得的知识。与我们现在相信的内容相反，韦达文化中把“pratyakṣa”视为是获取知识最不可靠的方法，因为我们的感官(包括我们的心念)不完美，易产生错觉和犯错误。梵文“ānumāna”的意思是“对推论的运用”或“归纳性的逻辑”，它被认为是高于直接的感知。梵文“āgamā”是指：从公认的权威那里得到的知识。至于超然的知识，就应该是由经典传达、灵性导师(guru)教导、圣人所实践的知识。在韦达文化中，“āgamā”被视为是获得“绝无错误的知识”的途径，因此是最好的证据。对我们来说，凭借“āgamā”（从医生、技工、律师和我们的教师等)获取各种知识很正常。就连政府、法庭、大学和公司等，也以这种方法获取知识。

练瑜伽的人必须一直不断地警觉他所接受的那些证据(pramāṇa)的真实性究竟如何，因为这会对他生活的方方面面(及所有其他的心理活动)产生直接的影响。正因为如此，帕谭佳里把“pramāṇa”作为第一个要谈的内容。

1.8

विपर्ययो मिथ्याज्ञानमतद्रूपप्रतिष्ठम्

viparyayo mithyā-jñānam atad-rūpa-pratiṣṭham

错误的判断是不以事物的真相为基础得出的错误认识。

评注 错误的判断是1.6经文中所谈到的第二项内容。要注意的重点是：评价事物的对错、真伪，取决于对判断和证据的运用。

一段时间后，练瑜伽的人就会注意到，随着他的感知能力的发展和加强，他所认为是正确的想法或真实的事物，变成错误的和不真实的，反之亦然。当我们培养了正确分析我们接收到的知识证据的真实性的能力，把它作为我们的第二本能时，变化就发生了。我们认识到按智者的权威指导生活所能获得的利益，根据我们自己用推理深思熟虑所获得的利益，以及太强调以观察为依据的知识所具有的危险。

1.9

शब्दज्ञानानुपाती वस्तुशून्यो विकल्पः

śabda-jñānānupātī vastu-śūnyo vikalpaḥ

想象只是对言辞的认识而并非实体。

评注 这句经文谈到这一部分的第6句经文中的第三个内容。透过言辞，我们可以在心中想象出许多画面，尽管它们并非实际存在。当我们说“独角兽”时，我们知道这意味着“一只犄角”，而且与神话中的只有一只角的野兽有关。然而，我们从没见过真正的独角兽。所以，独角兽并非实体(vastu)。我们知道，所有小说中的描述都是在讲并非真实存在的人物、地点和活动。

然而，练瑜伽的人能运用在《瑜伽经》或《博伽梵歌》中读到的话语建立自己的目标，运用其中的方法，并坚定自己的决心，尽管在某个阶段因为对其中的话语没有实际的体验和觉悟而并未接触到实体。就有关这一点，可以用某人听从旅游手册中动人的描述为例加以说明。旅游手册中的描述使人产生去看那个被描述的地方的愿望，并找到如何去那里的方法。人懂得旅游手册中的话语，理解它在说什么，但因为以前从没有去过那里，所以并不真正了解手册中介绍的那个地方和路途。然而，只要按照手册中的指示做，它就能到那里，最终对手册中的描述获得亲身的体验。

1.10

अभावप्रत्ययालम्बना वृत्तिर्निद्रा

abhāva-pratyayālambanā vṛttir nidrā

睡眠是在不依靠实际存在事物的情况下，进行感知的心念多变状态。

评注 梵文“nidrā”的意思是睡眠，但作为一种心理活动(vṛtti)，用“睡梦”一词更恰当，更符合原意。与我们根据听到的话语所作出的想象不同，在我们的睡梦中，我们对并非存在的事物(abhāva)有一种直接的感受。我们经常做一些让我们有极为真实体验的梦。许多传统中都有对圣人和瑜伽师在梦中看到重大事件或有超然体验的叙述。尽管这些体验牵涉到从外在看并不存在的事物，但这并不意味着它们不是真的或没有根据。

1.11

अनुभूतविषयासम्प्रमोषः स्मृतिः

anubhūta-viṣayāsampramoṣaḥ smṛtiḥ

记忆并非是对(以前)感知到的事物的清理。

评注 这句经文谈的是第6句经文中的第五项内容，也就是最后一项内容——记忆。正如其他经文一样，这里的描述非常简单，技术性很强。梵文“viṣayā”一词的意思是感知的对象(感官对象)，“ampramoṣaḥ”的意思是“并未摆脱”，“anubhūta”的意思是“曾体验过的……”。

我们可以成为过去经验的囚徒，无法使自己摆脱某种情况或情感；这妨碍我们取得进步，妨碍我们提升我们的意识层次。但我们也发现，记住并回忆本性超然的事实、体验和情感，帮助我们在瑜伽之途上向前迈进，是瑜伽完美境界的一部分。

1.12

अभ्यासवैराग्याभ्यां तन्निरोधः

abhyāsa-vairāgyābhyāṁ tan-nirodhaḥ

借由练习和超脱可以约束心念的多变。

评注 在回顾了心念的五种主要活动(经文1.6—1.11)，并解释说需要控制这些活动后(经文1.2)，帕谭佳里现在要解释怎么才能做到这一点。梵文“abhyāsa”的字面意思是重复，但实际上是指有规律的练习。梵文“vairāgyābhyāṁ”的意思是超脱和泰然处之。就有关这一点，《博伽梵歌》第6章的第35节诗中也同样说明道:“要控制静不下来的心念无疑非常困难，但通过适当的练习和去除执着心就能做到。”

1.13

तत्र स्थितौ यत्नोऽभ्यासः

tatra sthitau yatno ’bhyāsaḥ

练习意味着为达到那种状态而努力。

1.14

स तु दीर्घकालनैरन्तर्यसत्कारासेवितो दृढभूमिः

sa tu dīrgha-kāla-nairantarya-sat-kārāsevito dṛḍha-bhūmiḥ

在怀着恭敬的心态长期、坚持不懈地勤奋努力后，就能打下坚实的基础。

评注 第13和第14两句经文中都谈到了“练习(abhyāsa)”。帕谭佳里用这个词告诉我们，要达到瑜伽的完美境界并非易事，相反需要大量的努力。这意味着整个过程并非机械的过程。人必须准确地练习，梵文“sat-kārā”的字面意思是“准确的、高尚的和忠诚的”。在坚持不懈、从不中断(nairantarya)和长时间(dīrgha-kāla)地努力后，走这条路的人就会发现这些话语是千真万确的！在练瑜伽的过程中所做出的任何尝试，如果没有这种程度的练习，就不会得到很大的成就。

1.15

दृष्टानुश्रविकविषयवितृष्णस्य वशीकारसंज्ञा वैराग्यम्

dṛṣṭānuśravika-viṣaya-vitṛṣṇasya vaśī-kāra-saṁjñā vairāgyam

超脱的定义是，人无论看到或听说什么，都不产生渴望得到的欲望。

评注 在这句经文中，帕谭佳里讲解第 1 部分第 12 条经文中的第二部分，解释“超脱(vairāgyam)”的含义。超脱是指自制，不受欲望的控制(vaśī-kāra-saṁjñā)，从而没有对感官对象(viṣaya)的渴望。这不仅是指我们直接的体验(看)，也包括我们听说的(dṛṣṭānuśravika)。梵文“听说的(dṛṣṭānuśravika)”一词在韦达知识典籍中很常见，因为我们不仅对自己直接体验到的事物产生依恋，对我们听说的事物也产生依恋之情。这就是为什么《博伽梵歌》等其他古老的瑜伽经典中强调“一直不断地聆听有关灵性生活和超然存在”的重要性。这种灵性的依恋将会直接减少我们对物质感官对象所产生的危险的依恋和渴望。在解释了第1 部分的第 12 句经文的两个内容后，帕谭佳里现在告诉我们比练习和超脱更重要的事情。

1.16

तत्परम्पुरुषख्यातेर्गुणवैतृष्ण्यम्

tat-param puruṣa-khyāter guṇa-vaitṛṣṇyam

那之后，透过对至尊人的知识，人摆脱对物质属性的渴望。

评注　梵文“puruṣa”的字面意思是“人”。它是数论哲学的核心；它既指超然的个人，也就是灵魂、永恒的人、自我，还指神。我们发现，“至尊人(parama puruṣa)”也被翻译为“至尊人格神”。帕谭佳里在 1.24 句经文中将用“特殊的人或非凡的人(puruṣa-viśeṣa)”一词描述至尊神。在这句经文中，帕谭佳里强调超然的个体之人。梵文“khyāter”的词根是“khyā”，意思是“宣称、感知、发现”，以指“由宣称、感知和发现引起……”其中词根“khyā”还使人想起名望和荣耀，以指光荣的和极为重要的事。换句话说，了解有关我们永恒的自我和我们作为神性火花的真实状态这一重要的(光荣的)事实，使我们去除物质的欲望(guṇa–vaitṛṣṇyam)。梵文“guṇa”是数论哲学中的另一个重要词汇，以指作为物质存在基础的最基本的次原子元素(属性)。帕谭佳里用梵文“vaitṛṣṇyam”一词指“无欲”。

帕谭佳里以此说明，我们透过了解自己是永恒、超然的个体存在，真正摆脱物质欲望的枷锁。不幸的是，绝大多数对《瑜伽经》的翻译和评注，以及绝大多数的现代瑜伽教师，将我们的理解导向与帕谭佳里的说明背道而驰的方向。他们说，练瑜伽的最终目的是借由放弃我们的存在而失去我们的个体性，从而融入超然存在。这既不是真正的数论哲学给予我们的教导，也无疑不是帕谭佳里在他的著作中所明确解释的内容。事实是：当我们因为了解我们个人的超然存在而欣喜万分时，我们就达到了瑜伽的完美境界。

1.17

वितर्कविचारानन्दास्मितारूपानुगमात्सम्प्रज्ञातः

vitarka-vicārānandāsmitā-rūpānugamāt samprajñātaḥ

靠推理、分析、极乐、美丽及对“我是个体”的认识，人达到最高的意识层面。

评注 梵文“asmi”的字面意思为“我是”，“tā”的意思是“存在的状态”，所以“asmita”的意思是“作为个体而存在”或“充分体验个人存在”。帕谭佳里在此再次强调永恒的个体性的重要性，只不过这一次是借由解释它作为获得完美知识或最高意识的五个成分之一强调的。通过把“极乐、超然的快乐(ānanda)”加在列出的清单上，帕谭佳里向我们揭示了我们完美的存在状态。就有关这一信息，其他韦达文献也证实指出，我们的本性是由永恒的极乐和知识(sac-cid-ānanda)构成的。借由在经文中包括“美丽”，帕谭佳里指明了具有超然的多样化和形象的生活。《圣典博伽瓦谭》等其他更机密的韦达文献，更详细地描述了超然的形象、多样化和美丽。我们练瑜伽就是为了恢复我们永恒的真实存在。

1.18

विरामप्रत्ययाभ्यासपूर्वः संस्कारशेषोऽन्यः

virāma-pratyayābhyāsa-pūrvaḥ saṁskāra-śeṣo 'nyaḥ

其他人首先练习相信要终止(物质意识)，最后靠(真正的)净化达到那最高的意识层面。

评注　由于《瑜伽经》是科学论著，帕谭佳里在其中也描述其他瑜伽行者练习(ābhyāsa)的与第一部分直到第 17 句经文内容不一样的内容。他还透露，光是终止(virāma)物质意识，是比前面讲述的内容低级的练习，因为这样练瑜伽的人将无法清除心理活动在潜意识中留下的记录(saṁskāra)。这就像伤口愈合后还留着伤疤。在这样的情况下，瑜伽师不得不为彻底净化意识而继续努力。下面的经文将讲述另一类瑜伽行者。

1.19

भवप्रत्ययो विदेहप्रकृतिलयानाम्

bhava-pratyayo videha-prakṛti-layānām

意识仍停留在物质躯体层面上的人，得到天堂中的躯体。

评注 梵文“videha-prakṛti”谈及了由精微的物质能量制成的天堂躯体。韦达文献中记载了许多其他星球上的生活，其中也包括天堂星球(svarga)上的生活，那里的物质享乐程度比地球上的要高成千上万倍。正因为如此，在韦达文明时代中人们所关心的，通常都是与追求使人在放弃这个人体后能投生到高等存在中有关的修炼。帕谭佳里运用尘世意识(bhava-pratyaya)一词，强调这些瑜伽行者还没有把超然存在当作他们的目标。此外，帕谭佳里这样的超然主义者提醒我们，就连天堂星球上的生活也不是永恒的，所以我们为升上天堂星球而做的努力毫无意义，因为那里也有死亡，而我们到时被迫要再次在地球上投生。《博伽梵歌》中也明确地警告和教导我们说，要通过努力觉悟自我而一次性地彻底解决生死问题。换句话说，在这个人体中追求真正的瑜伽完美境界。

1.20

श्रद्धावीर्यस्मृतिसमाधिप्रज्ञापूर्वक इतरेषाम्

śraddhā-vīrya-smṛti-samādhi-prajñā-pūrvaka itareṣām

对其他人来说，优先考虑的是信心、非凡的能力、记忆、全神贯注和知识。

评注 梵文“萨玛迪(samādhi，三摩地)”是用来描述瑜伽的最高阶段的，在此被当作一种技巧或瑜伽练习，所以把它翻译为全神贯注。我们稍后会看到对这种完美境界的更详细、更深入的描述。梵文“prajñā”是指为达到瑜伽完美境界所需要的知识。梵文“vīrya”在此翻译为“非凡的能力”，它也有“力量和勇气”的意思。正如 1.6 和 1.11 句经文提到的，记忆(smṛti)不仅是在练瑜伽的过程中不可缺少的因素，也存在于瑜伽的完美状态。《博伽梵歌》解释说，没有记忆，我们就会丧失智力。

并非所有的瑜伽行者都为追求最高的目标而努力。经文 1.18、1.19 和 1.20 解释这一点并告诉我们这些瑜伽行者所追求的内容是什么；让我们注意到，瑜伽分许多等级，而每一个等级都比前一个低。帕谭佳里直到经文 1.17，推荐的都是更高级的内容和目标。经文 1.18 讲述彻底终止察觉心理活动的瑜伽高级(但不完整)的阶段。经文 1.19 描述了想要过天堂生活的练瑜伽的物质主义者。经文 1.20 讲述的是更低等的瑜伽行者,他们追求的目标是,在这个人体中可以获得的几项好品质。我们在当代各种灵修途径和宗教传统中可以看到,不同的灵修之人所追求的种种目标与帕谭佳里在《瑜伽经》中讲述的一样。因此,我们有必要了解各种目标,正确地设定我们的首要目标。

1.21

तीव्रसम्वेगानामासन्नः

tīvra-samvegānām āsannaḥ

对极为投入的练习者来说,目标近在咫尺。

评注 梵文"tīvra-samvegānām"的意思是"坚定的决心、巨大的力量"。这在梵文中是一种很强烈的表达方式,强调练习的决定性的强度。梵文"āsannaḥ"的字面意思是"就座的、固定的",在这句经文中的意思是"处于一种良好的状态";换句话说,已经很接近想要达到的目标了。

1.22

मृदुमध्याधिकमात्रत्वात्ततोऽपि विशेषः

mṛdu-madhyādhika-mātratvāt tato ’pi viśeṣaḥ

事实上，目标的远近之分，取决于投入程度是轻微、中等还是极度强烈。

评注 帕谭佳里通过在此宣布，瑜伽行者的决心和所采用的练习等级将决定他离完美境界的远近这一事实，使我们进一步理解前一句经文。梵文“ādhika-mātratvāt”被翻译成“极度的”，从正面意义上说是“杰出的”“最大的努力”或“绝对付出”。“madhya”一词的意思是“中等的”或“中间的”，被翻译成“轻微的”。梵文“mṛdu”一词的字面意思是“柔软的”或“轻的”。现在，从经文1.23 到 1.32，帕谭佳里将介绍梵文“至尊主(īśvara)”一词，以及对练瑜伽的人来说献身于祂的重要性。

1.23

ईश्वरप्रनिधानाद्वा

īśvara-pranidhānād vā

或者，通过怀着奉爱之情专心冥想至尊神(获得智慧)。

评注 梵文“iśvara”的意思是“主人、统治者、国王、神或至尊生物”，“pranidhāna”的意思是“可敬的行为、注意力、宗教性冥想、强烈的愿望、深邃的冥想和祈祷”；“vā”的意思是“或者”，以指经文 1.17 中所说的知识的完美或意识的最高层次(samprajñātaḥ)。

正如在导言中谈到的，《瑜伽经》作为六个韦达哲学学派之一的著作，是瑜伽的核心著作，与数论哲学成双成对。数论哲学在列举真实存在的事物中的“要素”时，包括了个体灵魂和神这些超越物质自然的要素。在谈论“īśvara”时，帕谭佳里并没有在“宣讲”宗教。他既没有试图说服任何人信奉某种宗教，也没有给予有关超然存在、永恒生活、对神的描述，以及生物与神之间的关系等更详细的知识。所有这些内容都由另一个传统韦达哲学学派的被称为韦丹塔(Vedanta，最高的知识)的典籍揭示出来，而这一典籍的结论性典籍就是《圣典博伽瓦谭》。《瑜伽经》的功能更像是“自助”手册或帮助读者成为尽可能好的一个人的实践指南。

到目前为止，我们看到《瑜伽经》谈论的焦点主要集中在心理方面，让我们更注重控制自己的心理活动，消除它们的破坏性和不利因素，增加正向、有利的因素，以使心灵平静、安乐。就连对许多练瑜伽的现代人来说是起点的体位法(āsana)，《瑜伽经》都很少论及，因为了解韦达文化的人大都知道：尽管我们在我们的躯体中，但我们不是我们的躯体，所以真正需要做的工作是内心的工作——完善并净化我们的意识。

《瑜伽经》虽然谈到了体位法等外在方面，以及向至尊神奉献等内心方面的内容，但主要的焦点还是集中于包括心念的作用在内的中介性内容。那就像教人开车，却不解释有关汽车的机械性知识，或者汽车究竟能把我们带到什么目的地一样。为此，帕谭佳里虽然指出爱神并为神做奉爱服务极为有效，但并没有深入讨论这个主题。

1.24

क्लेशकर्मविपाकाशयैरपरामृष्टः पुरुषविशेष ईश्वरः

kleśa-karma-vipākāśayair aparāmṛṣṭaḥ puruṣa-viśeṣa īśvaraḥ

至尊神是与众不同的人，

烦恼、业报、物质结果和制约触及不到祂。

评注　这句经文描述了梵文“īśvara”一词的内涵，以使人们对它的意思和性质不再有困惑。许多瑜伽行者和对《瑜伽经》的翻译，都要我们相信我们就是神，或者我们可以靠练瑜伽成为神。在此，帕谭佳里强调说：至尊神是与众不同的人(puruṣa-viśeṣa)，以消除那种误解。

梵文“kleśa”的意思是“问题、困难、痛苦”，“karma”的意思是“业报、命运”，“vipāka”的意思是

“每一刻所呈现的过去活动的结果”，而“āśayair”的意思是“仍要经历的过去遗留下的报应——受制约的状态”。经文中说至尊神还是“aparāmṛṣṭaḥ”，字面意思是“上述内容触及不到祂”。从这里我们可以看到，个体灵魂与神之间有着天壤之别，因为我们个体灵魂完全受制于我们的“烦恼、业报、物质结果和制约”。瑜伽就是使我们摆脱这一切的技术。

1.25

तत्र निरतिशयं सर्वज्ञबीजम्

tatra niratiśayaṁ sarva-jña-bījam

那里(在祂之中)有完美无瑕的全知种子。

评注 梵文“tatra”的意思是“那里”，“niratiśayaṁ”的意思是“没有更高的”，“bīja”是指永恒的源头，而“sarva-jña”的字面意思是“所有的知识”。所以整个句子的意思是：在祂之中是完美无瑕的意识的种子。帕谭佳里宣告说，我们了解一切事物或获取一切知识的能力来自至尊神。对此，《博伽梵歌》第 15 章的第 15 节诗也作了同样的说明，并加上“记忆和遗忘也来自至尊神”这一声明。

1.26

स पूर्वेषामपि गुरुः कालेनानवच्छेदात्

sa pūrveṣām api guruḥ kālenānavacchedāt

由于祂不受时间限制，祂甚至是古人们的灵性导师(古茹)。

评注 我们在《博伽梵歌》第 4 章的开始发现有同样的说明。韦达经(Vedas)声称，至尊神是一切知识的最高权威，尤其是形而上学的权威。在称为往世书的记载历史的韦达文献中，不断地讲述祂在不同的年代降临到不同的星球上，一再传授有关真实存在本质的知识。在这句经文的说明中有一个清晰的逻辑，即：至尊神(īśvara)是古人们的灵性导师(guru)，而古人的真正意思是“最有智慧的人”。首先，正如前一句经文声明的，至尊神是一切知识的源泉，而这是神具备的水平和不证自明的品质。其次，我们应该了解为获取知识而进行调查研究的做法，只有在调查者能控制的情况下才有效。这再次把我们带到经文 1.7 所论述的认识论上。假如我们想要得到与真实存在或神有关的形而上学方面等不在我们直接能控制的范围内的知识，那么唯一的方法就是经由直接从神那里得到了知识的有关这方面的权威(āgamāḥ)获取。这些权威绝大多数都在前辈权威的帮助下从经典记载的至尊神的话语中获取知识。要正确地理解和吸收这些知识当然就需要用到我们的推理能力(ānumāna)，并且要与我们的亲身体验(pratyakṣa)结合才行。这避免我们用各种无用的臆测及廉价的神秘方法去了解那些主题，而它们使人产生巨大的困惑，并对灵修感到沮丧。

1.27

तस्य वाचकः प्रणवः

tasya vācakaḥ praṇavaḥ

音节欧么(Om)代表祂。

评注 在韦达文化中，音节“欧么(Om)”是最初的超然、神性的声音震荡。如前所述，帕谭佳里在谈到神的时候，有意用简单的统称。其他的韦达典籍详细地叙述了“神的话语”。例如:《博伽梵歌》的意思是“神之歌(演讲)”，因为其中记载了祂讲述瑜伽和超然存在的话语，而其中的内容介绍比《瑜伽经》中所给予的解释要详细得多。

1.28

तज्जपस्तदर्थभावनम्

taj-japas tad-artha-bhāvanam

轻柔地吟诵它，它的含义便展示出来。

评注 曼陀冥想(japa)是瑜伽的核心方法。但我们既不该自编曼陀(mantra)，也不该随随便便地选择一个曼陀，因为它是影响我们意识的极为强大有效的方法。韦达程序推荐我们找一位灵性导师，从他那里接受曼陀，以及所有正确的教导和辅助性的训练。

1.29

ततः प्रत्यक्चेतनाधिगमोऽप्यन्तरायाभावश्च

tataḥ pratyak-cetanādhigamo 'py antarāyābhāvaś ca

这样做的人真正获得内在觉悟，不再有障碍。

评注　帕谭佳里在此赞扬曼陀冥想练习(japa)。他解释说，练习曼陀吟诵使人同时得到两个结果：提升意识(到觉悟的层面)，去除前往超然存在的路途上的障碍。在这句经文中，帕谭佳里把练瑜伽过程中会遇到的障碍作为一个主题来介绍。下面的经文将描述这些障碍。

1.30

व्याधिस्त्यानसंशयप्रमादालस्याविरतिभ्रान्तिदर्शनालब्धभूमिकत्वानवस्थितत्वानि चित्तविक्षेपास्तेऽन्तरायाः

vyādhi-styāna-saṁśaya-pramādālasyāvirati-bhrānti-darśanālabdha-bhūmikatvānavasthitatvāni citta-vikṣepās te 'ntarāyāḥ

疾病、冷漠、怀疑、粗心、懒惰、不超脱、看法错误、基础不扎实、不稳定：这些都是导致注意力分散的障碍。

1.31

दुह्खदौर्मनस्याङ्गमेजयत्वश्वासप्रश्वासा विक्षेपसहभुवः

duhkha-daurmanasyāṅgam-ejayatvaśvāsa-praśvāsā vikṣepa-saha-bhuvaḥ

伴随这些导致注意力分散的障碍而来的是，痛苦、忧郁、身体颤抖和混乱的呼吸。

1.32

तत्प्रतिषेधार्थमेकतत्त्वाभ्यासः

tat-pratiṣedhārtham eka-tattvābhyāsaḥ

练习冥想唯一的真理，可以避开这些导致注意力分散的障碍。

评注 记住“真理(tattvā)”一词非常重要，它是韦达哲学中的重要名词。它意味着真实存在最基本的原则。存在中三项最重要的因素是灵魂、神和物质能量。帕谭佳里在此说：我们如果练习冥想唯一的真理(eka-tattvābhyāsaḥ)，就会避免注意力分散，以及经文 1.30 和 1.31 中所列举的痛苦。既然这部分（到这句经文为止）谈论的主题都是“īśvara”，我们可以明白，帕谭佳里再次说的是：当我们全神贯注地冥想神，也就是韦达文献中所称的“绝对真理”时，我们将达到使我们免除一切痛苦的完美境界。

1.33

मैत्रीकरुणामुदितोपेक्षानां सुखदुःखपुण्यापुण्यविषयानां भावनातश्चित्तप्रसादनम्

maitrī-karuṇā-muditopekṣānāṁ sukha-duḥkha-puṇyāpuṇya-viṣayānāṁ bhāvanātaś citta-prasādanam

要达到思维清晰、内心平静的状态，就必须对快乐之人友好，对痛苦之人仁慈，因虔诚而欢乐，回避不虔诚。

评注 思维清晰、内心平静（citta-prasādanam）是这句经文的主题核心；它既是对新的一部分内容讨论的开始，这讨论将一直延续到第一部分的结束。

这句经文经常被错误地翻译，因为事实上，为了使人达到思维清晰、内心平静的状态，它提出了一份有三对内容的单子，而不是一份含有六个内容的单子。

第一对彼此相关的内容建议我们要追求与快乐之人（sukha）的友谊（maitrī）。这个"快乐之人"并不是指感官满足，而是从更深层的含义上针对真实存在的快乐而言，那是虔诚和纯净意识的必然结果。它的意思是，我们应该寻求与有纯净习惯和道义的人为伴。韦达典籍作为人们追求康乐、福利的极为重要的通路，一再强调和重复以上这一说明。

第二对彼此相关的内容说，我们应该培养对痛苦之人（duḥkha）的仁慈（karuṇā）。对比自己富有或状况更好的人慈悲没有实际的意义。需要直接对那些状态比自己差的人仁慈。当我们了解自己因为没有足够的灵性进步而仍“不快乐”时，我们就可以去寻求灵性上比我们更进步之人的仁慈。

第三，也就是最后一对彼此相关的内容说明，我们应该以行事虔诚为乐，应该避免不虔诚的言行。尽管现代人并不太欣赏这一点，但事实上培养虔诚品质(puṇyā)、避免不虔诚的言行(apuṇyā)是净化和提升意识的重要方式。帕谭佳里在这句经文中所给予的这条放之四海而皆准的忠告，得到许多知识传承的确认。

1.34

प्रच्छर्दनविधारणाभ्यामवा प्राणस्य

pracchardana-vidhāraṇābhyām vā prāṇasya

或者，它来自吐气和闭气。

评注 这句经文明确证实了《瑜伽经》包罗万象的本质。在一句经文中，帕谭佳里谈到，为达到思维清晰、内心平静的状态，我们应该调整自己的行为，使其符合崇高的道德标准。在下一句经文中他又说，靠纯粹的机械方式(呼吸练习)可以获得同样的结果。从这个意义上说，《瑜伽经》十分现代化。它考虑到每一个个体都有自己的文化背景和愿望，因此尽管最高的目标只有一个，尽管对不同程度的练习所能达到的不同目标有明确的描述，但一个人在提升的过程中，不同的阶段将会受到不同途径的吸引。

1.35

विषयवती वा प्रवृत्तिरुत्पन्ना मनसः स्थितिनिबन्धनी

viṣayavatī vā pravṛttir utpannā manasaḥ sthiti-nibandhanī

或者，当感官受感官对象吸引而产生活动的欲望时，要把持住心念。

评注 帕谭佳里在这句经文中给了我们另一个选择，即：始终控制住心念，不让它因为感官与感官对象的接触而受到刺激。这在瑜伽练习中是千真万确的事实，是练瑜伽的人要一直不断为之努力的。

1.36

विशोका वा ज्योतिष्मती

viśokā vā jyotiṣmatī

或者，当活动富有启发性，没有悲伤或懊悔的成分时。

评注 接着上一句经文，帕谭佳里解释说，作为瑜伽行者也可以活动(pravṛitti)，但他的活动应该是没有悲伤或懊悔的成分(viśokā)，应该是启发人心、充满光明的(jyotiṣmatī)。

这一点非常重要;《博伽梵歌》中也强调这一点，说它是瑜伽极为实际的部分。这一点排除了认为练瑜伽必须在一个偏僻的地方独自打坐冥想，才能达到控制心念、获得神通或灵性完美的错误概念。事实上，瑜伽教我们在任何情况下都能以完美的方式行为处事，无论我们身在这个物质世界，在天堂星球还是在灵性世界。而且，我们现在的身份如何并不重要，不管我们是劳工、商人、管理者还是学者，我们都可以以瑜伽的方式行事。练瑜伽所导致的深刻变化，发生在内心深处。外在的改变大部分只是内心变化的结果而已。这句经文通过描述成功的瑜伽师的活动总是富有启发性且没有悲伤的成分，来说明这种内心变化的外在特征。

1.37

वीतरागविषयं वा चित्तम्

vīta-rāga-viṣayaṁ vā cittam

或者，当心念专注在不含激情成分的目标时。

评注 在此，梵文“心念专注在不含激情成分的目标时(vīta-rāga-viṣayaṁ)”一句的意思是，过一种平静的生活，选择与平静的人作伴，住在平静的地方，等等。

1.38

स्वप्ननिद्राज्ञानालम्बनं वा

svapna-nidrā-jñānālambanaṁ vā

或者，当心念依靠梦境和睡眠而得到知识时。

评注 帕谭佳里在此指的是，透过对梦境或睡眠期间体验到的其他启发性经验的分析和理解，追求思维的清晰和内心的平静。

1.39

यथाभिमतध्यानाद्वा

yathābhimata-dhyānād vā

或者，通过沉思默想个人喜欢的主题。

评注 这句经文中的梵文“yathābhimata”一词的字面意思是，按照个人的选择和喜好练瑜伽。然而，这并不意味着异想天开或想象出的冥想方式。有关冥想，经典里记载有各种经过授权、被公认是行之有效的方式。换句话说，为了达到思维清晰和内心平静的这个阶段可以有选择，但这并不意味着随便什么冥想都会有效。就有关这一方面，正如其他的练习，尤其是形而上学方面的练习一样，人应该寻找对所要了解的主题有知识的人作指导，那个人必须正在做着具有古老传统及无懈可击的结果的事情。人应该以这种人为榜样，在他的指导下学习和实践。

1.40

परमाणुपरममहत्त्वान्तोऽस्य वशीकारः

paramāṇu-parama-mahattvānto ’sya vaśī-kāraḥ

(思维清晰、内心平静的)人控制了最小的原子以及最大。

评注 这是《瑜伽经》所有其他经文中的第一句解释在瑜伽之途中获得神通(siddhis)的经文。神通是靠控制心念和生命力所获得的力量。韦达典籍中的梵文“paramāṇu”一词的意思是“原子”，“parama-mahattvānto”的意思是极其大的。

了解这一特殊力量的一种方式，是从能够自制，不受我们在接触无论大小事物时产生的念头和冲动的影响或成为它们的牺牲品的角度去理解。换句话说，思维清晰和内心平静与自我控制是同义词。

1.41

क्षीणवृत्तेरभिजातस्येव मणेर्ग्रहीतृग्रहणग्राह्येषु तत्स्थतदञ्जनता समापत्तिः

kṣīṇa-vṛtter abhijātsyeva maṇer grahītṛ-grahaṇa-grāhyeṣu tat-stha-tad-añjanatā samāpattiḥ

当心念的多变减少，内心仿佛优质宝石般清澈时，在感知者的内心，感知和被感知的对象贴近，直至内心清晰地反射被感知的对象。这才是成功的冥想。

评注 心是生物体的一个工具，它因为控制着其他五个感官，所以在韦达经典中被称为第六个感官。在瑜伽的高级阶段，心如同优质宝石般，不会扭曲它所接收到的信息，允许神志清醒的人感知真实存在的真相。同样，这么纯净的心允许真正自我产生的念头直接完美地作用于感官。换句话说，在练瑜伽的高级阶段，人达到真正客观和感官控制的境界，可以在充满知识、平静和谐的状态下行事，从此不再困惑，不再受消极心理活动的影响。

这句经文中所描述的这种状态，在随后的经文中将做进一步的解释。它与战胜躯体制约的瑜伽师的状态有关。它描述瑜伽师不再是色欲、贪婪及各种感官对象等的牺牲者。在这个阶段，瑜伽师唯一要做的是，战胜曾帮助瑜伽师达到这个阶段的、大多以推理和深思熟虑为表现形式的世俗心理活动。

这句经文中的核心梵文词“samāpattiḥ”的字面意思是“完全结合”，以说明冥想的对象与冥想之人完全结合在一起。把它翻译为“成功的冥想”从实际的意义上是指，冥想练习所达到的最高境界。

1.42

तत्र शब्दार्थज्ञानविकल्पैः सङ्कीर्णा सवितर्का समापत्तिः

tatra śabdārtha-jñāna-vikalpaiḥ saṅkīrṇā sa-vitarkā samāpattiḥ

在那种状态中，当成功的冥想充满了以有意义的话语组成的知识为基础的想象时，就被称为是加上思索疑问的有造诣的冥想。

评注 这句经文中梵文“vitarkā”一词的意思“推测、疑问或不确定”。在这个层面上的冥想战胜有害的心理活动，但要达到这个阶段就必须运用智力，也就是运用逻辑学辩论和内心对话。这种以话语为基础的冥想方法，至今遗风尚存。这种冥想的结果是，练习之人的知觉并没有得到彻底的净化。

1.43

स्मृतिपरिशुद्धौ स्वरूपशून्येवार्थमात्रनिर्भासा निर्वितर्का

smṛti-pariśuddhau svarūpa-śūnyevārtha-mātra-nirbhāsā nirvitarkā

当记忆被彻底净化，人能看到事物的真相时，冥想之人所达成的冥想中便不再含有个人推测疑问的成分。

评注 这句经文中讲述的是更高的意识状态，即：没有“推测、疑问或不确定(nirvitarkā)”的状态。当我们的记忆被彻底净化时(smṛti-pariśuddhau)，就会产生这种状态。换句话说，我们不再受我们曾用来帮助自己达到这一状态的心理活动所造成的条件反射或残余印象的影响。当这种状态发生时，我们便看到了万事万物的本来面目(ārtha-mātra-nirbhāsā)。这是因为我们的心停止把它自己的一切强加在思维和感知上。它恰似一块优质、透明的玻璃；当我们透过它看东西时，我们看不到它，而是清楚地看到它后面的一切。意识的这种纯净状态，是瑜伽所追寻的。

1.44

एतयैव सविचारा निर्विचारा च सूक्ष्मविषया व्याख्याता

etayaiva sa-vicārā nirvicārā ca sūkṣma-viṣayā vyākhyātā

只有在这种状态时，对一个精微对象的思索和没有思索的成功冥想，就得到了解释。

评注 经文 1.43 和 1.44 所用的梵文词“tarkā”，意思也是“推理或逻辑”。冥想或意识(samāpatti)的两个阶段都已经解释过了，一种是有“推理或逻辑”，一种是没有。我们解释过，这是对为帮助我们去除有害的心理活动而运用推理和智力(sa-vitarkā)的一种描述。然而，要达到完全纯净的状态，我们最终必须达到甚至克服推理等活动的层面(nirvitarkā)。帕谭佳里现在通过运用梵文“cārā”一词，又给我们加述了两种更高级的需要我们提升上去的精微层面。梵文“cārā”与“推理或逻辑(tarkā)”一词几乎一样，但包含了“思索”的意思。换句话说，思索是获得纯净意识的另一个工具，但后来也必须放弃掉。

1.45

सूक्ष्मविषयत्वं चालिङ्गपर्यवसानम्

sūkṣma-viṣayatvaṁ cāliṅga-paryavasānam

精微的对象意味着没有可见的标志。

评注 为了明确所谈论的问题是心念中的精微对象，而不是外在的，帕谭佳里在这句经文中对梵文“sūkṣma”一词下了更好的定义。

1.46

ता एव सबीजः समाधिः

tā eva sa-bījaḥ samādhiḥ

这些成功的冥想，是有种子的全神贯注(萨玛迪)。

评注 在前面的经文中被说成是成功的冥想的层次，在此被视为是意识的高级状态——全神贯注(萨玛迪或译“三摩地”，samādhi)，那是瑜伽完美境界中的最高境界。但是，《瑜伽经》中将把全神贯注的状态分为许多等级。现在所谈的全神贯注的状态的等级是，打扰我们的事物的种子(根源)依然存在，而且哪怕是以精微的方式，也会不时地出现。经文还暗示我们，当出现这种情况时，我们应该用我们的推理和思索。否则，我们将会更加退步。由于这一原因，我们的心灵实际上还并未获得自由。

1.47

निर्विचारवैशारद्येऽध्यात्मप्रसादः

nirvicāra-vaiśāradye 'dhyātma-prasādaḥ

在没有思索的清澈内心中，更高的自我找到极乐。

评注 这句经文中介绍了一个很重要的梵文词汇“ātma”。它是韦达经典中称呼灵性生物(灵魂)的词汇，但也用来定义“自我”或“心念”。梵文“ādhyātma”是指更高的“自我”；要清楚，我们真正在谈的是自我的神性(超然)方面。梵文“prasāda”的意思是“仁慈、恩典”，但包含了“崇高的快乐”或“得到神恩的状态”。

这种状态意味着瑜伽行者再也不必担心故态复萌、重蹈覆辙，因为他摆脱了所有要不得的受制约的状态。这种状态不易达到，只有按照经文1.13和1.14的描述严格训练才能达到。

1.48

ऋतम्भरा तत्र प्रज्ञा

ṛtambharā tatra prajñā

在那种状态中，知识承载真理。

评注 谈到真理时，梵文用词一般是“sattva”。这句经文中用的“ṛta”一词，是指更高的或根本的真理——宇宙真理。

1.49

श्रुतानुमानप्रज्ञाभ्यामन्यविषया विशेषार्थत्वात्

śrutānumāna-prajñābhyām anya-viṣayā viśeṣārthatvāt

由于这知识有特殊的目的，它所专注的重点不同于经典的知识和逻辑推理。

评注 帕谭佳里承认世上有其他的灵修方式，并在此强调，瑜伽的冥想之途的本质，不同于韦达文献(śruti)或逻辑推理(anumāna)。他没说这知识是更高的，而是承认有其他种类的知识。

1.50

तज्जः संस्कारोऽन्यसंस्कारप्रतिबन्धी

taj-jaḥ saṁskāro 'nya-saṁskāra-pratibandhī

产自这知识的内心印象遮没其他的内心印象。

评注 梵文术语“saṁskāra”一词在瑜伽典籍中很常见，意思是“留在我们意识中的印象或痕迹”。这一生或其他生世造成的这些“印象”，组成我们的潜意识，而就是这潜意识影响着我们的人品、个性和现在所作出的选择。帕谭佳里在此宣布，这种高等意识也将在我们的意识中产生“印象”，但是正面的和有用的印象。瑜伽哲学解释说，我们每时每刻都在重组我们的意识，并加进新的印象。对尘世的印象将在我们的意识中产生尘世的效力。如果是具有虔诚本质的尘世印象，我们就会在物质方面得到提升。如果是本质不虔诚的尘世印象，我们就会堕落。除了这些，具有超然本质的印象具有取代我们意识中的尘世印象的功能。正如用水把杯子装满时，杯子里原有的空气自然就会被去除掉，随着我们用超然的主题、情感、愿望和体验逐渐填满我们的意识，我们的尘世意识就会被逐渐去除掉。

1.51

तस्यापि निरोधे सर्वनिरोधान्निर्बीजः समाधिरिति

tasyāpi nirodhe sarva-nirodhān nirbījaḥ samādhir iti

甚至当这也受到限制时，那么由于一切都受到约束，就有了没有种子的全神贯注(萨玛迪)。

评注 当留在我们意识中的所有尘世的印象(saṁskāra)都被超然的印象取代后，我们就会如经文1.46—1.50中解释的，最终达到彻底自由的状态，完全摆脱以焦虑、痛苦和悲伤为表现形式的物质存在问题，不再有故态复萌的危险。瑜伽师将获得永恒的极乐和知识，而那是我们原本自然的状态。这就是瑜伽。

第二部分
练 习 篇

2.1

तपःस्वाध्यायेश्वरप्रनिधानानि क्रियायोगः

tapaḥ-svādhyāyeśvara-pranidhānāni kriyā-yogaḥ

苦行、研习韦达典籍及对神的奉爱，是活动瑜伽。

评注　《瑜伽经》的第二部分称为练习篇。梵文“sādhana”是韦达典籍中的常见词汇，意思是：“为达到目的而做的。”它通常是灵修之人每天都要进行的练习，或是为达到一定的目的所用的技术。

梵文“kriyā”的字面意思是“活动”。它来自词根“kri”，目前在英文中仍可以看到具有这个词根的词，例如“创造(create)”。第一个要了解的梵文词是“活动瑜伽(kriyā-yoga)”，也可以理解为是“以瑜伽的方式活动”，这种活动被描述为是苦行、苦修(tapaḥ)。韦达文献中描述苦行或苦修，是瑜伽师从事的极度艰难的活动，现代人根本从事不了。从事苦行或苦修的基本目标是发展足以抵抗肉身要求的内在力量，以征服根深蒂固的想要满足躯体感官的欲望。苦行或苦修也可以被理解为是对自律能力的训练。这需要结合崇高的目标来抵抗并减少身心多变的要求。

第二个要了解的词是“对韦达经典中哲学内容的学习(svādhyāya)”，其原因显然是：当我们得到指明超然之途的知识和信息时，我们会逐渐用它们取代那些使我们继续受这个物质世界迷惑人的需求吸引的信息和思维。这节诗中提到的最后一个词“对神的奉爱(īśvara-pranidhāna)”，作为描述这一瑜伽完美境界最重要的词，与经文1.23中用的词一样。因此，这句经文描述了瑜伽完整的灵修(sādhana)程序，这一程序同时可以使身(苦行、苦修)、心(学习韦达文献)和灵(对神的奉爱)达到完美的状态。

2.2

समाधिभावनार्थः क्लेशतनूकरणार्थश्च

samādhi-bhāvanārthaḥ kleśa-tanū-karaṇārthaś ca

它的目的是使人进入全神贯注的状态，减轻痛苦。

评注 帕谭佳里在此解释，用前一句经文中谈到的“活动瑜伽”这一训练方法，可以同时达到两个目的。第一个目的是能使人达到瑜伽的完美境界——全神贯注的状态(samādhi)，或称“入定”状态；第二个目的是免除痛苦(kleśa-tanū)。

下一句经文将帮助我们更好地理解这句经文中直译是“痛苦、问题、苦恼(kleśa)”等意思的梵文词。

2.3

अविद्यास्मितारागद्वेषाभिनिवेशाः क्लेशाः

avidyāsmitā-rāga-dveṣābhiniveśāḥ kleśāḥ

痛苦由愚昧、自我意识、激情、憎恨、
任性和固执引起。

评注 韦达观点是，经文中描述的这些有害因素带给我们许多痛苦与烦恼，所以我们应该去除这些因素。这并不是说我们只是为“当好人”而“改善自己”，而是因为我们想要变得明智，也就是要把导致我们痛苦的因素从我们的生活中去除掉。重点是：遮盖我们纯洁本性所导致的缺陷，不仅使我们因为从事不敬神的活动而受苦，且本身就是痛苦的体验。在没有自私、贪婪和充满情欲的情况下生活，就是比在这些有害因素控制的情况下生活要好；不仅直接有更高级的体验，而且得到的结果也会更好。

下面的经文将详细描述上述每一项内容。先认清通向完美境界路途上的“敌人”或障碍，而这是知识文献中常用的说理技巧。

2.4

अविद्या क्षेत्रमुत्तरेषां प्रसुप्ततनुविच्छिन्नोदाराणाम्

avidyā kṣetram uttareṣāṁ prasupta-tanu-vicchinnodārāṇām

愚昧是其他痛苦处在沉睡、减少、
分散或突出状态的滋生地。

评注 这句经文中用了直译是“场地或领域”的梵文词“kṣetra”，以说明是事情发展或发生的地方。这个词在最著名的瑜伽论著《博伽梵歌》(*Bhagavad-gita*)中也常被用到。帕谭佳里在此提醒我们，所有的痛苦都来自愚昧(avidyā)。他在下一句经文中就会解释愚昧是什么。有趣的是，韦达经(Vedas)中甚至用“愚昧(avidyā)”一词来表示物质创造。这意味着所有的物质存在都以愚昧为基础；也就是说，居住在物质创造中的居民都遗忘了超然的真实存在。

2.5

अनित्याशुचिदुःखानात्मसु नित्यशुचिसुखात्मख्यातिरविद्या

anityāśuci-duḥkhānātmasu nitya-śuci-sukhātma-khyātir avidyā

愚昧把短暂视为永久，把肮脏视为纯洁，

把痛苦视为快乐，把假我视为真我。

评注 最后一个内容“把假我视为真我”最重要。所有的韦达知识文献中都强调这一点，例如：《博伽梵歌》就以这一区分作为开端。假我实际上是肉身再加上物质的心念和智力。真正的自我是个体、永恒的意识，是给予肉体以生命的神性火花。我们在西方世界常听到有人说：“我有一个灵魂。”然而，那不是事实真相。韦达概念是：“我是灵魂，我有一个躯体。”我们遇到的一切问题都始于我们把自己与躯体及跟躯体有关的一切相认同。经文1.16 通过说“彻底了解人的存在足以使我们的真我受到启发”来强调这一点。

韦达文化中再三强调纯净，因为纯净等同于有纯净的意识。我们吃的食物、生活的环境、喝的水越纯净，我们体内的毒素就越少，身体就越纯净；而通过避免负面和堕落思维及避免与有这些思维的人交往，使心地越纯洁，等等，我们的意识自然就会越纯净、越提升。换句话说，我们的内心将变得极为清纯和平静。

快乐并不仅仅是高兴。正如已经谈过的，快乐在此意味着对存在更深、更稳定的满足状态。我们必须小心不要在单纯追求一时的高兴或由微不足道的尘世成功引起的愉快中度过我们的一生，从而错过追求就连死亡都影响不了的真正、持久的快乐。世上还有导致其他生物体甚至自己受苦的假快乐，而令人无比悲哀的是，追求这种假快乐的人不在少数。

对短暂与永恒的混淆，只不过是对物质与灵性的混淆。物质的一切，包括这个宇宙，都是短暂的。灵性(超然)的一切，都是永恒的，永远存在着；现在存在，将来继续永远存在下去。这是韦达经中的标准定义。

当我们把自己与我们的躯体认同时，我们使自己本质超然的意识物质化。以尘世意识为开端，我们的愚昧无限膨胀。帕谭佳里在此指出我们在这种意识状态下所能犯的最严重的错误。仔细分析他列举的这些内容，足以使我们明白这里列举的每一种错误是如何使我们承受无限痛苦的。

2.6

दृग्दर्शनशक्त्योरेकात्मतेवास्मिता

dṛg-darśana-śaktyor ekātmatevāsmitā

自我意识来自把眼睛和视力认同。

评注 眼睛是物质的，但视力是生物伸展自我的表现。因此，自我意识只不过是把自我与躯体的认同。生物一旦这样做，其欲望及行动自然就都围绕着躯体转。即使这种与我们的躯体有关的概念扩展至我们的家庭、我们的国家、我们的星球、我们这个太阳系……其核心依然是假我，就这样以假我为中心延伸出去。

2.7

सुखानुशयी रागः

sukhānuśayī rāgaḥ

执着于快乐是激情的表现。

评注 梵文“执着(ānuśayī)”一词是指想要抓住或醉心于某种事物。帕谭佳里要说的是，问题并不在于对快乐的体验，而在于想要以非自然的方法维持、保持或延长快乐。正如使人痛苦的状态自然会发生一样，使人快乐的情况也会自然出现。问题在于想要抓住快乐不放，或者抓住痛苦的经验不放。在这两种情况下，心态都是一样的，都会给我们带来困难和焦虑。

2.8

दुःखानुशयी द्वेषः

duḥkhānuśayī dveṣaḥ

执着于痛苦是憎恨的表现。

评注 这里用了同一个词——执着(ānuśayī)，但对象相反。当我们培养憎恨的情绪时，我们只是紧紧抓住曾经带给我们或正在带给我们痛苦的具体情况或人不放。如果有什么事或人使我们不快乐，最佳的解决方法显然是尽快斩断我们与痛苦来源之间的联系。这就是为什么智慧传统总是强调要宽恕和不执着。

瑜伽通过指明超脱尘世相对性的更深层次的存在及真正的快乐，帮助我们去除这些不良因素。但这只有在我们有能力将自己的意识固定在至尊神(īśvara)和我们真我的情况下才会成正比地做到。了解至尊神是一切的拥有者和至高无上的控制者这一事实后，我们便不再声称自己是拥有者或其他人与事(无论好坏)的控制者。这使人真正超脱，从而有能力不再成为悲伤或感官享乐欲望的囚徒。

2.9

स्वरसवाही विदुषोऽपि तथारूढोऽभिनिवेशः

sva-rasa-vāhī viduṣo 'pi tathārūḍho 'bhiniveśaḥ

个人情感导致的任性和固执甚至在
博学之人身上都根深蒂固。

评注 这句经文解释了经文2.3中列举的第五项，也就是最后一项有害因素。希望一切都按照我们的愿望发生这一欲望深深地根植在我们心中，就连博学之人也不例外。任性和固执受到愿望、感觉等个人兴趣和爱好的影响(sva-rasa-vāhī)。这是因为与瑜伽精神相反，人想要以控制者(īśvara)的身份行事。因此，练瑜伽使我们了解：我们不是控制者，也不需要去控制。恰恰相反，当我们彻底清除那使人受蒙蔽的概念时，我们的痛苦和烦恼就会止息。下面的经文将帮助我们了解这一情况如何发生。

2.10

ते प्रतिप्रसवहेयाः सूक्ष्माः

te pratiprasava-heyāḥ sūkṣmāḥ

精微的痛苦只有在逆向折返后才能止息。

评注 经文中谈到“反抗(prati)”和“制造、引起或产生(prasava)”。所以，梵文 pratiprasava 的意思是，与产生或引起某事物的进程逆向运作。帕谭佳里在此谈的是如何解决前面经文中提到的精微问题(sūkṣmā)。当产生那些痛苦的程序被逆向运作时，那些痛苦就停止了(heyāḥ)。

这必然包含反映程序，也就是：研究产生问题的原因，“回返”到那一点，删除它的结果。例如：有一个因为执着于某项计划或谈判的结果而造成的紧张的工作状态(这种痛苦术语称为“激情”)；我们可以冷静地分析情况，找到让我们产生那执着的原因，然后回返到我们所记忆的产生那种过度关注的状态之前的状态，随即使那种意识状态复苏。这完全就像我们意识到自己走错方向时，就会沿来路折回一样。

2.11

ध्यानहेयास्तद्वृत्तयः

dhyāna-heyās tad-vṛttayaḥ

靠冥想可以停止(与各种痛苦有关的)
心念的运作。

评注 帕谭佳里在这句经文中再次用了“心念的作用或内心变化(vṛtti)”这个《瑜伽经》的核心词。他说明，人可以靠冥想(dhyāna)，废除或战胜那些与各种痛苦有关的心念作用。

这意味着，靠冥想结果和造成痛苦的各种根源，我们可以在开始意识到它们并决心不让自己受形成这种痛苦的过程影响时，使它们变得无效。这种方法类似于在心理学家的帮助下了解造成自己痛苦的根源和作用，克服痛苦或不健康的行为。然而，帕谭佳里在此给我们指出一切痛苦的种子起因，给了我们解决一切问题的万能方法。

顺便提一下，有趣的是，中文“禅”一词是对梵文中发音是“迪亚纳(dhyāna)”一词删节后的音译。佛教传出印度并在亚洲广为传播的同时，把从韦达文化中吸收的许多词汇和概念也传播开来。禅宗更强调冥想，因此采用了瑜伽中的“迪亚纳(dhyāna)——冥想”这一技术用词。

2.12

क्लेशमूलः कर्माशयो दृष्टादृष्टजन्मवेदनीयः

kleśa-mūlaḥ karmāśayo dṛṣṭādṛṣṭa-janma-vedanīyaḥ

积累的业报根植于这些痛苦中，

透过可见的与不可见的出生被了解。

评注 经文中的“kleśa-mūla”一句的意思是：业报(karma)是造成痛苦的根源。在愚昧的状态下做出的事情(经文2.5)，将一直不断地产生某种反作用(报应)。人们普遍的错误理解是，只有做坏事时才有报应。但业报是指，活动与活动的结果。按照从事的活动的性质，以及几乎是无数的与活动有关的因素(媒介、对象、目的、时间、地点、环境和背景等)，得到的结果可以是好的、中性的，也可以是坏的。然而，无论报应是好是坏，积累业报意味着我们将不得不为了享受或承受结果而再三地投生。对我们这些永恒、超然的灵魂来说，这种情况永远是糟糕的，因为我们将一直不断地体验并引起更多的痛苦(kleśa)。瑜伽之途就是为那些想要彻底结束生死轮回的超然主义者开设的，使他们通过走这条路，再次以神圣之人的状态生活，免除愚昧，从而不再痛苦。

2.13

सति मूले तद्विपाकजात्यायुर्भोगाः

sati mūle tad-vipāka-jāty-āyur-bhogāḥ

只要根源还在，它就会导致出生、一段寿命，

以及生物经历的尘世体验。

评注 对这句经文的直译是：那根源(sati mūle)导致(tad-vipāka)出生(jāti)、一段生命(āyur)及尘世经历(bhogāḥ)。

只要在今生的这段时间内还有些业报之“根”没有被体验到，就需要有来世让生物去体验。而这正是超然主义者致力于解决的问题。只是处理或改善我们现在面临的处境并不足矣，我们需要从事能使我们彻底摆脱作用与反作用的循环圈——生死轮回(saṁsāra)。超然主义者明白，只是希望有富贵、长寿和愉快的体验并不够，因为灵魂纯洁、超然的原本状态远远高于尘世的状态。不仅如此，超然主义者还了解，尘世的境遇都是短暂的，因此永远不可能给予我们持久的平静与快乐。

2.14

ते ह्लादपरितापफलाः पुण्यापुण्यहेतुत्वात्

te hlāda-paritāpa-phalāḥ puṇyāpuṇya-hetutvāt

由于它们导致虔诚活动及不虔诚的活动，

它们的结果就是享受或痛苦。

评注 帕谭佳里现在给出一个业报法律的标准定义说，上一句经文中的“出生、一段生命和尘世经历”，致使不按瑜伽程序活动的生物从事虔诚或不虔诚的活动，从而分别造成尘世的愉快或痛苦。同时他还解释，人所从事过的虔诚或不虔诚的活动，决定下一世的出生品质、寿命长短和尘世的经历。这些都是被世界各地直到如今还在信奉韦达文化的人所广为接受的韦达哲学基本概念。

2.15

परिणामतापसंस्कारदुःखैर्गुणवृत्तिविरोधाच्च दुःखमेव सर्वं विवेकिनः

pariṇāma-tāpa-saṁskāra-duḥkhair guṇa-vṛtti-virodhāc ca duḥkham eva sarvaṁ vivekinaḥ

变幻无常的物质世界的痛苦，

以及自然属性的相互冲突，

使有分辨力的人观察到这世界只是个痛苦之地。

评注 这是超然主义者对这个世界的观察结果。对从不花时间深入分析这个世界，因此不知道超然生活的意义或目的的人来说，这样的观察结果有可能令人震惊，甚至是悲观的。但超然主义者们知道，在愚昧、痛苦、重复生死和承受无尽报应等重压下的生活，不是我们这些永恒、神性的灵魂所该过的真正的生活。这种生活只是一系列程度不同的痛苦而已。我们都可以有远比现在更高形式的存在，而那正是超然主义者(瑜伽师)所追求的。

帕谭佳里在这句经文中再次谈到物质自然的三种基本“属性(guṇa)”，其中每一种属性都对客观存在及我们的意识施加不同的影响。

2.16

हेयम्दुह्खमनागतम्

heyam duhkham anāgatam

人应该在痛苦到来之前采取预防措施。

评注 这句经文说明，前一句经文所描述的观察结果并非悲观，因为那结果是可以避免的。我们有避免痛苦的能力，但要做到这一点，就必须认真对待我们的瑜伽灵修(sādhana)。这是《瑜伽经》第二部分的论题，而且是经文2.2中谈到的练瑜伽所要达到的第二个目标。问题是有的，但也有解决的方法。下面的经文将阐述一些解决问题涉及到的本质性因素。

2.17

द्रस्तृदृश्ययोः संयोगो हेयहेतुः

drastṛ-dṛśyayoḥ saṁyogo heya-hetuḥ

应该放弃致使观看者与被看对象混淆的概念。

评注 我们应该去除认为“观看者与被看对象一样”的观点。这是《瑜伽经》强调的重点。我们可以列举三种这句经文中谈到的错误。

第一种错误是：认为他人都是我们感知的物体，以为他们的身体、影响、美丽、力量等都可以为我们所利用，以满足我们的欲望。我们每个人都是个体的观看者，当我们观察其他人(其他生物体)时，我们不该忘记自己是在观察其他的观看者，而不是在观察无生命的物体。

第二种错误是：我们与一个(或多个)对象认同，直到视其是我们自己不可分割的一部分的程度。这意味着认为我们的汽车、房子和衣服等，都是我们身份的象征；或者认为没有新的移动电话、流行服饰等，我们就活不下去。不幸的是，这是积累财物的过程。我们不能不停地往我们的身份上添加更多的物体。正如抛锚使船只固定在一处，这使我们的意识不胜重负并受到捆绑，没有可能提升到更高的层面。

第三种错误是前面谈到的两种错误的结合。灵性生活始于我们了解灵性能量与物质能量之间的区别后。这种区别也就是永恒且有意识的“人”（神与生物），以及他们利用的无生命的物质（包括生物寄居其中的躯体）之间的区别。

2.18

प्रकाशक्रियास्थितिशीलं भूतेन्द्रियात्मकं भोगापवर्गार्थं दृश्यम्

prakāśa-kriyā-sthiti-śīlaṁ bhūtendriyātmakaṁ

bhogāpavargārthaṁ dṛśyam

由物质元素和感觉器官构成的，特征是清晰、

活跃和一直存在的可见对象，

用途要么是物质享乐，要么是灵性解脱。

评注　这句经文的第一部分只是在分析可见的事物；基本上分为单纯的物质——物体，以及生物体的躯体，包括观看者本身的躯体。

在经文的第二部分，我们发现练瑜伽要获得成功的要点是，我们每时每刻都有选择的权利，即：在我们所观察到的周围的现实存在中是要进行物质享乐，还是要获得灵性的提升。我们可以用我们的人生，包括周围的人事物，只进行物质享乐，或者争取灵性上的提升。瑜伽行者一直不断面临的挑战是:去除追求即刻、浮浅的愉快及满足感的倾向，而追求永恒、真正的极乐。只要我们还受尘世快乐的吸引，我们就受制于尘世的痛苦，就没有权利进入无可比拟的、神性的意识状态。我们需要作出决定，即，我们准备只满足于过一种享受以自我为中心的物质快乐的平庸生活，还是要为走向光荣的超然存在而认真努力。因此，瑜伽行者每走一步都需要意识到他是如何看待现实的。

2.19

विशेषाविशेषलिङ्गमात्रालिङ्गानि गुणपर्वाणि

viśeṣāviśeṣa-liṅga-mātrāliṅgāni guṇa-parvāṇi

可见对象有特别、不特别、

显著和不显著等不同的性质。

评注 这句经文增加了对可见对象的技术性描述。

2.20

द्रष्टा दृशिमात्रः शुद्धोऽपि प्रत्ययानुपश्यः

draṣṭā dṛśi mātraḥ śuddho 'pi pratyayānupaśyaḥ

观看者只不过是看的力量。尽管观看者是纯粹的意识，但却要透过坚定的信心被看到。

评注 观看者(draṣṭā)所做的就是看、观察(dṛśi-mātraḥ)。然而，他虽然精微、纯洁(śuddho 'pi)，但却能透过坚定的信心、意愿、感知和正确的理解被看到(anupaśyaḥ)。

帕谭佳里在此断言：灵魂——永恒的生物，可以被看到，但不是用我们看物体的方法。尽管他们都是纯粹的意识，但正如《瑜伽经》第一部分解释的，生物不仅有他们各自永恒、完全超然的形象(经文1.3)，而且总是保持自己的性格和个体性(经文1.16)。

2.21

तदर्थ एव दृश्यस्यात्मा

tad-artha eva dṛśyasyātmā

利益观察者是观察对象存在的唯一原因。

评注 哲学中的目的论研究的是，万事万物存在的最终目的。帕谭佳里在此从目的论的角度表明瑜伽的最终目的说：整个物质展示(物质世界中所有可以观察到的对象)存在的最终目的，是让我们能获得对自我的觉悟(彻底了解我们自己)。

这句经文还强调韦达观点是现象学。换句话说，韦达观点是：我们通过看、嗅、听等所感知到的一切，是这个世界最重要的方面。获得对真实存在的形而上学的理解，远比只是追求了解超出我们能观察到的一切的物质存在更重要。

2.22

कृतार्थं प्रति नष्टमप्यनष्टं तदन्यसाधारणत्वात्

kṛtārthaṁ prati naṣṭam apy anaṣṭaṁ tad-anya-sādhāraṇatvāt

尽管看见的事物对达到目的的瑜伽师来说失去了它的价值，但因为它与其他人都有关，所以并没有失去其价值。

评注 物质展示的目的是为使人觉悟自我，对达到这一目的的瑜伽师来说，物质展示已经失去了它的价值。即便如此，由于世上存在着对事物只有普通看法的其他人，物质展示本身并没有完全失去它的价值。

这说明，灵性进步的人行为举止必须恰当、高贵，尊重其他人的世俗看法。它还意味着，我们都是个体，都处在各自的灵性发展阶段；那真实存在超出我们目前的意识范畴，既不是我们想象出的虚幻事物，也不依赖于我们如何感知它。真实存在是客观的，而不是主观的。

2.23

स्वस्वामिशक्त्योः स्वरूपोपलब्धिहेतुः संयोगः

sva-svāmi-śaktyoḥ svarūpopalabdhi-hetuḥ saṁyogaḥ

误将观看者与被看对象认同，就会把力量的拥有者与力量理解为是在本质上一样。

评注 帕谭佳里在此试图使人清楚不要把躯体及与躯体有关的事物跟灵魂相混淆，或者说把物质与永恒有意识的生物相混淆的重要性。正如前面谈过的，在数论哲学中，能量被理解为有两类：无意识、无生命的物质能量，以及由无数有个体意识的个体灵魂组成的灵性能量。数论哲学中也说，神是上述两种能量的源头。帕谭佳里在这句经文中谈这两种能量时，用了梵文“被拥有的(sva)——物质”，及“拥有者(svāmi)——个体灵魂”这两个词。

2.24

तस्य हेतुरविद्या

tasya hetur avidyā

这种错误的认同由愚昧导致。

评注 愚昧导致人错误地认为这两种能量完全一样。经文2.4中也解释说，愚昧是其他形式的痛苦的滋生地。这就是为什么对瑜伽师来说，了解两种能量之间的区别那么重要。正是这种错误的认同，打通了通往所有其他形式的痛苦的路。

2.25

तदभावात्संयोगाभावो हानं तद्दृशेः कैवल्यम्

tad-abhāvāt saṁyogābhāvo hānaṁ tad-dṛśeḥ kaivalyam

没有愚昧时，就不会有这种错误的认同。

放弃这种看事情的方式就是解脱。

评注 去除愚昧使我们不再混淆两种能量，从而获得解脱。梵文“凯瓦利亚(kaivalyam)”的意思是“纯净的意识状态”或“从束缚中得解放”，或者被说成是瑜伽的最高境界。下面的经文将告诉我们如何才能达到那种境界。

2.26

विवेकख्यातिरविप्लवा हानोपायः

viveka-khyātir aviplavā hānopāyaḥ

放弃这种看事情方式的方法是，时刻意识到观看者与被看对象之间的区别。

评注 正如经文1.14所谈到的，要达到瑜伽的完美境界并不容易。为使自己摆脱愚昧的状态，需要一直不断、坚持不懈地努力。努力的焦点集中于不离正道地了解真实存在的真相——区分物质与灵性。这是《瑜伽经》强调的重点及推荐的关键做法。

2.27

तस्य सप्तधा प्रान्तभूमिः प्रज्ञा

tasya saptadhā prānta-bhūmiḥ prajñā

那程序的最后一个阶段是分七个部分的知识。

评注 学者们承认，他们不知道帕谭佳里在这句经文中说的究竟是什么。有关他谈的“七个部分”这一术语的意思是什么，韦达哲学典籍中没有记录或明确的定义，甚至就连另一部著名的瑜伽古籍《博伽梵歌》中也没有说明。不幸的是，这并不妨碍肆无忌惮的人就有关“七个部分”的意思提出自己的各种推测。然而，我们不必惊慌，因为这信息如果很重要的话，帕谭佳里就会像他一贯做的那样，把内容列出来，然后逐条给予解释。

这里提出的关键在于，最终的目标是“完美的知识(prajñā)”，而并不只是摆脱愚昧。瑜伽师追求的是充满活力和真实的超然完美境界，并不只是去除迷惑和痛苦。了解这一点极为重要。换句话说，不该错误地把瑜伽之途当作是虚无主义。

2.28

योगाङ्गअनुष्ठानादशुद्धिक्षये ज्ञानदीप्तिराविवेकख्यातेः

yogāṅga-anuṣṭhānād aśuddhi-kṣaye jñāna-dīptir āviveka-khyāteḥ

按瑜伽的各个步骤练习去除不洁时，对真正区别的感知就会透出知识之光。

评注 通过忠实地(anuṣṭhānād)按照瑜伽的各个步骤(yoga-aṅga)练习，就可以清除(aśuddhi-kṣaye)所有的不洁。知识之光(jñāna-dīptir)就会随之出现，揭示真正的区别之所在(āviveka-khyāteḥ)。

这句经文就像其他瑜伽经典一样明确地说明，我们在真正的瑜伽中找不到“没有区别，一切都是一体”的一元论或非人格神主义观点。重要的韦达典籍都拒绝虚无主义和一元论的理论，但这些理论却备受那些自称是按东方灵修方法灵修的人的欢迎。

这句经文是前面强调需要了解物质与灵性能量之区别的经文的延续。

2.29

यमनियमासनप्राणायामप्रत्याहारधारणाध्यानसमाधयोऽष्टावङ्गानि

yama-niyamāsana-prāṇāyāma-pratyāhāra-dhāraṇā-dhyāna-samādhayo'ṣṭāv aṅgāni

瑜伽的八个步骤是，自律、奉行、端坐、控制呼吸、收回感知力、集中注意力、冥想和全神贯注。

评注 我们在这句经文中看到了对八部瑜伽（aṣṭāṅga）的著名描述，而下面的经文将逐一给予解释。

2.30

अहिंसासत्यास्तेयब्रह्मचर्यापरिग्रहा यमाः

ahiṁsā-satyāsteya-brahmacaryāparigrahā yamāḥ

自律的内容是，非暴力、诚实、不偷盗、禁欲、无拥有感。

评注 这里介绍的是走瑜伽之途的第一个步骤的详细内容，或者说要达到完美境界需要达到的第一个阶段——自律（yamā）的详细内容。

这第一个步骤中的第一个内容是"非暴力（ahiṁsā）"，也就是不使其他生物体受到伤害、感到痛苦，不对其他生物体施暴等。暴力使意识变得粗野，不可能了解和体验练瑜伽所能达到的完美境界。从实际内容看，不做伤害其他生物体的事情，包括应该吃不致使动物受苦或死亡的食物，不用自己的身体、言语和心念去侵犯其他生物体。

第二项内容是“诚实(satya)”。在寻求真理的路途上，谎言是重负。撒谎意味着不诚实，但走瑜伽之途的全部目的就是为了寻找真正的自我。我们对自己尤其要非常诚实，勇敢、真诚地面对自己真实的情感状态和灵性健康状态。

第三项内容是“不偷盗(asteya)”，这不需要再作更多的解释。

第四项内容是“禁欲(brahmacarya)”，其中的梵文“布茹阿玛(brahma)”一词的意思是“绝对者”，但也被用来描述韦达经(*Vedas*)；“阿查尔亚(acarya)”的意思是“以典范的方式行为处事”。因此，梵文“禁欲(brahmacarya)”一词的直译是，“严格按照韦达经的教导行事”，也就是以十分正确和纯洁、高尚的方式行事。独身禁欲也是遵循韦达文化的人经历的学生生活阶段，学生跟灵性导师(guru)住在一起，学习韦达经。

第五项内容，也就是最后一项内容是“没有拥有感(āparigrahā)”。应该避免使自己产生拥有事物或人的感觉。没有什么是属于我们的，甚至我们的身体也不属于我们。因此，正如已经解释过的，执着、依恋的感觉，向下拉扯我们的意识，使我们搞不清自我真正的身份。

2.31

जातिदेशकालसमयानवच्छिन्नाः सर्वभौमा महाव्रतम्

jāti-deśa-kāla-samayānavacchinnāḥ sarva-bhaumā mahā-vratam

这些自律内容是通用的，不受出身、地点、时间和环境的限制。它们是重要的誓言。

评注 帕谭佳里在此明确说明这些规定的重要性和普遍性，以使每个人都能毫无疑问地遵守这些原则。遵守这些原则是在遵守重要的誓言(mahā-vratam)。与瑜伽其他的步骤不同，自律这个步骤需要一直不断地练习。

帕谭佳里谨慎地让我们了解，这些规定原则是放之四海而皆准的，对生活在不同时代、不同地点并具有不同文化的人都适用。谁想要完善自己，净化自己的意识，获得自由，换句话说走瑜伽之途，就必须发誓遵守这重要的誓言。而这是第一个步骤，仅仅是第一步！

2.32

शौचसन्तोषतपःस्वाध्यायेश्वरप्रणिधानानि नियमाः

śauca-santoṣa-tapaḥ-svādhyāyeśvara-praṇidhānāni niyamāḥ

奉行的内容是，清洁、知足、苦行、研读经典，以及敬爱神。

评注 除了练习自律——经文2.31-2.32所讲述的完美的道德行为准则，瑜伽师还需要创造恰当的内在状态，以便在瑜伽之途上继续向前迈进。这就是瑜伽第二个步骤的目的，按照这个步骤练习，我们培养达到最高、最超然(也逐渐更精微)的瑜伽意识状态所需要的品质。仅仅靠遵循瑜伽的这两个步骤(yama-niyama)，我们就能很快体验到几乎是所有的人都想要有的平静、清澈、坚定不移、对自我的了解，以及热情。正如鲜花不会在没有茎的情况下而存在，瑜伽的其他步骤不能在没有这前两个步骤的情况下独自存在。通过一直不断地以这样的方式生活，人自然而然就在瑜伽之途上向前迈进，尤其是最后一个瑜伽步骤——敬爱神(īśvara-pranidhānād)。在经文1.23中，帕谭佳里已经解释了，仅仅是"敬爱神"这一项瑜伽练习，就足以使人达到完美。在经文2.1中，帕谭佳里解释说，这句经文中的最后三个内容，即苦行、学习经典和敬爱神，是瑜伽练习本身的基础。如果不忠实、严格地按照八部瑜伽的前两个步骤做，为完成其他步骤所做的一切努力，包括练习不同的坐姿(āsana)、呼吸控制(prāṇāyāma)、冥想(dhyāna)等，都只会带给人微不足道的短暂的物质结果，离瑜伽之途所给予人的完美利益相差甚远。

2.33

वितर्कबाधने प्रतिपक्षभावनम्

vitarka-bādhane pratipakṣa-bhāvanam

受到错误念头的骚扰时，人要努力与之对抗。

评注 帕谭佳里稍后会更清楚地解释这一点，但概念其实很简单。我们在发现有负面(具破坏性)的欲望、思维或行为时，应该慎重地用最有效的对抗措施与之对抗。“观察心念”并不足够。我们应该在观察心念的同时，积极对抗不值得有的心念。

2.34

वितर्का हिंसादयः कृतकारितानुमोदिता लोभक्रोधमोहपूर्वका मृदुमध्याधिमात्रा दुःखाज्ञानानन्तफला इति प्रतिपक्षभावनम्

vitarkā hiṁsādayaḥ kṛta-kāritānumoditā lobha-krodha-moha-pūrvakā mṛdu-madhyādhimātrā duḥkhājñānānanta-phalā iti pratipakṣa-bhāvanam

努力对抗的意思是，认识到伤害他人等错误的念头，无论是已经实施、导致实施或允许其存在，都基于贪婪、愤怒或错觉，无论程度是轻、中、重，都产生无尽的痛苦和愚昧。

评注 帕谭佳里用几乎是法律的术语明确表示，即使犯下不是很重的错误伤害，即使是牵涉到我们允许它发生，甚至因为错觉和困惑而有那样的念头都不是可以原谅的借口，结果只能使犯罪者遭受以受苦或愚昧为表现形式的痛苦。

更不要说走瑜伽之途的人；如果我们导致其他生物痛苦，我们的生活不可能免于痛苦。

帕谭佳里解释过错误行为造成的负面结果后，下面要返回到瑜伽的第一个步骤——自律(yama)，列出遵守它其中的各项具体内容所具有的正面效果。

2.35

अहिंसाप्रतिष्ठायां तत्सन्निधौ वैरत्यागः

ahiṁsā-pratiṣṭhāyāṁ tat-sannidhau vaira-tyāgaḥ

坚守非暴力的人，所到之处，
人们就会放弃对他的敌意。

评注 当我们坚守“不导致伤害”的誓言时，我们周围的人就会放弃敌意。换句话说，和平是有感染力的。所有的人都追求和平与平静。但我们需要了解：如果我们想要在我们周围体验到和平，我们自己首先必须诚恳地在自己的内心深处培养和平的素养。

2.36

सत्यप्रतिष्ठायां क्रियाफलाश्रयत्वम्

satya-pratiṣṭhāyāṁ kriyā-phalāśrayatvam

坚守诚实时，行为和其结果就是实在的。

评注 当我们从内心深处培养诚实的质量时，我们的行为和其结果就会是实实在在的；虚假的行为和其结果都不实在，毫无用处可言。我们只要稍微反省一下自己，就可以看到自己已经在生活中体验到这一内容了。当我们虚伪行事时，我们的活动和其结果就没有诚实行事那样的力量；在人与人之间的关系中，比较敏感的人立刻察觉到我们缺乏诚实，这样的关系总是以失败或痛苦而告终。在工作方面，只要不是诚实做事，其结果很快被摧毁，而且没有价值。

2.37

अस्तेयप्रतिष्ठायां सर्वरत्नोपस्थानम्

asteya-pratiṣṭhāyāṁ sarva-ratnopasthānam

做到不偷盗时，一切富有便近在咫尺。

评注 梵文“茹阿特纳(ratna)”的意思是“珠宝、宝藏、财富”或“有价值的事物”。不偷盗使我们积累善报，不但将来会得到财富，现在也使我们体验到诚实和端正的行为带给我们的珍贵的满足感。

2.38

ब्रह्मचर्यप्रतिष्ठायां वीर्यलाभः

brahmacarya-pratiṣṭhāyāṁ vīrya-lābhaḥ

坚守禁欲时，人获得力量。

评注 这句经文中的梵文“维尔亚(vīrya)”一词的意思是“英雄的力量”和“刚强”。韦达文献中特别强调男人和女人靠独身禁欲及贞节极大地增强力量，随后把这力量用于在瑜伽练习中取得进步，获得神秘力量。禁欲的收获是双重的：第一，禁欲使人保持生命活力，而性行为使人丧失生命能量；第二，为了净化我们的意识，我们不会把我们的心念浪费在去想如何赢得对方的欢心、与之交媾和闲谈等内容上。禁欲使我们有更多的时间把注意力集中在神性事物上，使我们更容易保持崇高的思想。

2.39

अपरिग्रहस्थैर्ये जन्मकथन्तासम्बोधः

aparigraha-sthairye janma-kathantā-sambodhaḥ

绝无拥有感使人了悟出生是如何发生的。

评注 我们想要控制和拥有物质自然(至尊主的物质能量)的欲望，使我们成为这个物质世界的奴隶。我们如果真正达到毫无物欲的崇高状态，就会上升到真正超然的意识层面，今后就没有理由再经历出生了。这个世界的一切都是神的能量，都属于祂，包括我们的躯体，因此没有什么是属于我们的。清楚这一点使我们彻底免于再次出生。

到这节诗为止，结束了对严格遵守自律这一非凡誓言具有的各项利益的描述。下面，帕谭佳里将描述按照瑜伽的第二个步骤遵守“奉行(niyama)”原则所具有的好处。

2.40

शौचात्स्वाङ्गजुगुप्सा परैरसंसर्गः

śaucāt svāṅga-jugupsā parair asaṁsargaḥ

清洁使人厌恶自己的躯体，

避免与其他躯体有亲密的接触。

评注 梵文“jugupsā”直译的意思是“厌恶”或“反感”。这种对身体的厌恶和反感并不是我们看到的某些人心理异常的状态。这种“反感”真正的意义是：瑜伽师需要了解自己不是这个躯体，而且不仅不该依恋这个囚禁自己的“牢笼”，甚至不该对“与其他躯体接触得到的世俗享乐”感兴趣。换句话说，这是我们了解自己作为永恒的神性生物住在短暂的物质躯体中这一事实后，自然得到的结果。在经文2.18中，帕谭佳里已经解释过，瑜伽行者应该每时每刻都作出决定，自己是要用现实存在得到即刻的物质感官享乐，从而使自己继续留在物质受制约的状态中，还是在瑜伽之途上取得进步，从而变得自由。因此，努力保持内心和身体清洁的成功的瑜伽师，不会试图用躯体获取感官享乐，而会用它获取解脱。

2.41

सत्त्वशुद्धिसौमनस्यैकअग्र्येन्द्रियजयआत्मदर्शनयोग्यत्वानि च

sattva-śuddhi-saumanasyaika-agryendriya-jaya-ātma-darśana-yogyatvāni ca

清洁使人净化生存、欢乐、专注、战胜感官、看清自我，从而有资格练瑜伽。

评注 继经文2.40之后，帕谭佳里列出努力保持身心清洁的进一步的好处。梵文“sattva-śuddhi”的意思是“净化我们的存在”；“saumanasya”直译的意思是“良好的心态”或“内心的快乐状态”，在这里被翻译成欢乐；“eka-agrya”直译的意思是“一点”，换句话说是保持注意力集中的能力。我们在《博伽梵歌》中也看到，集中注意力是练瑜伽获得成功的一项必不可少的能力。梵文“indriya-jaya”直译的意思是“战胜感官”，而这是瑜伽行者在寻求真正的进步时所要达到的一个首要目标。如果我们的感官把我们向各个方向拉扯，要求各种各样的感官享乐，我们就不可能用我们的身体练瑜伽争取进步。我们首先要完全掌控我们的交通工具，然后才能指导它到要去的目的地。梵文“ātma-darśana”直译的意思是“看清自我”或“区分自我”的能力。保持身心清洁的最后一个好处是，使人“有能力练瑜伽(yogyatvāni)”。换句话说，不努力保持环境、行为习惯和身心的清洁，就无法在瑜伽之途上取得进步。

对这些声明有怀疑的人，应该在自己的生活中培养清洁的习惯，体验清洁的结果。这样，人就可以很快感受到清洁和纯净真是太重要了。外在的清洁固然非常重要，但靠培养纯净的思维和发出超然的声音震荡使内心清洁更重要。我们都知道喝净化水、呼吸清新的空气，吃有机、自然、未经加工的纯净食物有多重要。因此，并不难理解使自己生活在洁净的环境和身体中并净化心灵有多么重要。

2.42

सन्तोषादनुत्तमः सुखलाभः

santoṣād anuttamaḥ sukha-lābhaḥ

知足使人获得最高的快乐。

评注 这个世界看起来并不完美，而且几乎每一天我们都遇到计划受挫、受到攻击等不愉快的情况。这原因是，我们并非控制者(īśvara)——至尊主。不再依赖那些外在的事物，是得到真正快乐的艺术。我们需要知道，真正的快乐已经自然存在于我们的内心，与我们的躯体或围绕它发生的一切没有关系。帕谭佳里在这句经文中用的梵文“anuttamaḥ”一词是指，只有经由内心满足得到的快乐才是最大的快乐。瑜伽之途是为了让我们重新建立自己在神性层面上的存在。感官享乐或积累钱财无法使人有满足感。尽管这很明显，但我们还是坠入那陷阱。我们必须满足于履行职责所自然带来的结果，培养知足的心态。无论得到的结果是不如我们所期望的，与我们所期望的一样，还是比我们所期望的强，都没有关系，知足最重要。如果我们想要得到这种自然的快乐，就要知道，去担心超出我们控制范围的人事物毫无意义。达到这种知足状态最容易的方法就是敬爱神，知道我们有可能得到的一切，以及发生在我们身上的事情，都是一种祝福，是为了帮助我们尽快达到瑜伽(与至尊主相连)的完美境界。

2.43

कायेन्द्रियसिद्धिरशुद्धिक्षयात्तपसः

kāyendriya-siddhir aśuddhi-kṣayāt tapasaḥ

苦行和清除不洁，使人的身体及感官

处在完美的状态中。

评注 苦行可以消除我们存在中一切明显或精微的污染，使我们的躯体和感官处在完美的状态中。我们在韦达文献中总能看到许多对非凡的神秘瑜伽师的事迹的记载，讲述他们不间断地连续从事艰巨的苦行长达好几个世纪之久，因而得到超人的力量。从一个更加实际、可行的层面上看，只要我们吃纯净的食物，保持良好的习惯，过简朴的生活，不从事堕落活动，我们的健康自然就会非常好，我们的感官功能自然就能保持良好的状态。

2.44

स्वाध्यायादिष्टदेवतासम्प्रयोगः

svādhyāyād iṣṭa-devatā-samprayogaḥ

学习神圣的经典，使人与自己选定的神明有亲密的交流。

评注 学习神圣的经典最大的益处在于，我们立刻进入与经典描述的神明进行亲密交流的状态。靠阅读讲述至尊主的圣典，我们直接与至尊主进行亲密的交流，获得无法想象的神性利益。从无法追溯的时代起，全世界范围内所有圣洁、虔诚的人，都推荐并实践这样的学习。

这句经文中的梵文“iṣṭa-devatā”一句的意思是“所选择的神明”。在韦达文化及其他古老的文化中，有对各种不同的负责控制自然的神明的描述，他们又被称为半神人，是第二等次的宇宙控制者。在现实中，有很多持物质享乐观点的人并不想要直接崇拜至尊主，所以就供奉那些给予的祝福与自身的出现更容易被感知到的神明。然而，经典中明确说明，至尊主比所有这些半神人都要高等得多，尊敬、热爱祂是所有这类程序的最高目标。《瑜伽经》再三谈到这一目标，下一句经文将着重强调这一点。即使对崇拜至尊主的人来说，祂还有不同的方面可以让人选择去与之联系，例如：基督教《旧约全书》中谈到的“嫉妒之神”，《新约全书》中谈到的“父亲”，机密的韦达经典中谈到的“绝对有魅力”的神——奎师那(Krishna)。正如在经文1.39中所做的那样，帕谭佳里在这句经文中用的是无宗派性的语言，因为瑜伽本性是没有宗派性的。但是，在解释我们的灵修之途中的详细内容时，他不鼓励用多变的想象去这么做。

2.45

समाधिसिद्धिरीश्वरप्रणिधानात्

samādhi-siddhir īśvara-praṇidhānāt

敬爱至尊主使人达到瑜伽全神贯注的完美境界——萨玛迪(三摩地)。

评注 经文2.29中描述的八部瑜伽中的最后一个步骤，是被翻译为全神贯注的萨玛迪(samādhi，三摩地)。这是最终的状态——瑜伽的完美境界。然而，这一瑜伽的完美境界还分不同的程度。帕谭佳里在这句经文中再次声明，那完美境界的顶峰是对神的敬爱(īśvara-praṇidhānāt)。换句话说，瑜伽最高的完美境界来自对神的尊敬和热爱。

到这句经文为止，就结束了对八部瑜伽的第二个步骤“奉行(niyama)”的讲解。

2.46

स्थिरसुखमासनम्

sthira-sukham āsanam

瑜伽坐姿要稳定、轻松。

评注 尽管梵文“阿萨纳(āsana)”一词的直译是“座位”或“就座的姿势”，但知识典籍中用它表示“生活的心态”，也就是我们对生活的态度。从表面上看，这句经文在谈瑜伽练习中采用的姿势必须稳定、轻松。然而，从更深层次的意义上看，它是指我们还必须以稳定、轻松的态度面对这些瑜伽练习。换句话说，采取不过于艰难和过于容易的方式。如果我们就座的姿势过于舒适，我们就会入睡；对生活的态度过于轻松自在，我们就会变得自满。如果灵修的方式太艰难，我们就不会坚持下去，就会放弃灵修。我们需要找到平衡，而对每一个人来说，这个平衡点都不一样。练瑜伽要获得成功的最大一项挑战是，保持平衡，按照我们的进展随时作调整。

2.47

प्रयत्नशैथिल्यानन्तसमापत्तिभ्याम्

prayatna-śaithilyānanta-samāpattibhyām

这要靠努力放松自己，变得像阿南塔(躺在宇宙之水上休息的神蛇)一样才能做到。

评注 梵文“阿南塔(ananta)”直译的意思是“没有结束”。祂是一条在宇宙之水上躺着的神蛇，是神展现的一个形象。阿南达负责为神的一个扩展主维施努(Vishnu)提供各种便利设施，而主维施努负责创造和维系宇宙展示。就有关谁才是帕谭佳里在这部《瑜伽经》中谈到的至尊主(īśvara)这个问题，瑜伽行者之间存在着小小的争议：有的说是主希瓦(Shiva)，其他人则说是主维施努。然而，应该注意到的是：《瑜伽经》中没有一个地方谈到主希瓦，但在这句经文中我们看到他特别提到了承载着主维施努的阿南塔。这句经文被学者们用来证明，帕谭佳里本人是主维施努的奉献者。但他自己并没有强调这一点，以避免造成与崇拜主希瓦的瑜伽师之间的摩擦，因此可见这种争论已经由来已久。其他韦达文献，尤其是《博伽梵歌》，确认奎师那(维施努的来源)是至尊主。

尽管没有在圣典中找到确切的记载，但人们普遍认为帕谭佳里是阿南塔的化身。

2.48

ततो द्वन्द्वानभिघाताः

tato dvandvānabhighātāḥ

那时，人不再受相对性的影响。

评注 当我们在瑜伽之途上稳步向前迈进时，生活中的相对性便不再打扰我们。我们可以用这一征象来衡量自己在瑜伽之途上取得的成功程度。

好坏、冷热、输赢、苦乐等相对性，都是物质的概念，取决于我们如何看待它们。但这并不是说，瑜伽师再也注意不到冷热了。瑜伽师只是不再为此而变得不必要地受打扰，因为他存在的主要目的并不是追求外在的舒适；他知道这些从长远的角度看只不过是短暂、不持久的。随着我们在瑜伽之途上不断向前迈进，我们逐渐变得不再依赖外在的环境，而是体验由超然意识所产生的逐渐增强的平静与快乐。

2.49

तस्मिन् सति श्वासप्रश्वासयोर्गतिविच्छेदः प्राणायामः

tasmin sati śvāsa-praśvāsayor gati-vicchedaḥ prāṇāyāmaḥ

在那种状态中，人通过呼气和吸气控制住呼吸。

评注 这是在解释瑜伽的第三个步骤——对呼吸的控制(prāṇāyāma)。即使是从最机械的方面看，人们普遍的认知都是通过控制呼吸，使其更加深入和有规律，我们可以镇静下来，变得平静。

但重要的是要注意，梵文“帕纳(prāṇa)”不仅仅是指“空气”，而且指生命能量，在中国文化中被称为“气”。它是维持有机体正常运作的力量。

从更抽象但并没有失去其重要性的角度讲，控制“气”意味着把我们的能量作为一个整体加以控制。换句话说，是我们生活的方式。

2.50

बाह्याभ्यन्तरस्तम्भवृत्तिर्देशकालसङ्ख्याभिः परिदृष्टो दीर्घसूक्ष्मः

bāhyābhyantara-stambha-vṛttir deśa-kāla-saṅkhyābhiḥ paridṛṣṭo dīrgha-sūkṣmaḥ

呼气、吸气和屏息的呼吸变化，

分深呼吸、浅呼吸、何时屏息、

屏息时间长短以及重复循环的次数等。

评注 帕谭佳里在此对呼吸练习的形式作了简短的介绍。它的基本意思是通过吸气、呼气和屏息等不同的方式，调节呼吸的深度、长度及呼吸循环的次数。

2.51

बाह्याभ्यन्तरविषयाक्षेपी चतुर्थः

bāhyābhyantara-viṣayākṣepī caturthaḥ

第四种控制呼吸法超越了呼气和吸气的范畴。

评注 前三种呼吸分别是吸气、呼气和屏息，可以按照前一句经文的解释发展出不同的呼吸方式。除了这三种呼吸，还有另一种，也就是第四种呼吸——超越机械的呼吸方式的控制生命能量的呼吸。

2.52

ततः क्षीयते प्रकाशावरणम्

tataḥ kṣīyate prakāśāvaraṇam

那时，对光明的遮挡被移去。

评注 控制呼吸(生命能量)的结果是，对光明(启示)的遮挡被移开。基于这部《瑜伽经》的其他经文及《博伽梵歌》等其他瑜伽典籍，对这句经文的一种解释是，我们可以靠正确地控制和引导我们的能量——生命，获得启发，提升到超然的存在层面上。

2.53

धारणासु च योग्यता मनसः

dhāraṇāsu ca yogyatā manasaḥ

心念可以专注了。

评注 我们通过控制我们的呼吸(生命能量)，给予我们的心念以巨大的专注力(dhāraṇā)。这是瑜伽的第六个步骤。唯有按照将要解释的瑜伽第五个步骤收回感官对外界的感知，才有可能做到专注。如果我们的注意力集中在外界事物上，寻找感觉器官所感兴趣的信息，就无法保持专心、专注的状态。

2.54

स्वविषयासम्प्रयोगे चित्तस्य स्वरूपानुकार इव इन्द्रियाणां प्रत्याहारः

sva-viṣayāsamprayoge cittasya svarūpānukāra iva indriyāṇāṁ pratyāhāraḥ

当每一个感官都松开它的对象时，感官的注意力就转向内在，而这似乎是心念本身的状态。

评注 帕谭佳里再次用了数论(sankhya)哲学的语言。在数论哲学中，“感官对象”一词被用于表明感官能与之互动的一切。收摄感官只有在所有的感官都与感官对象分开时才有可能。重要的是要了解，这是指我们所有的感官。只要有一个感官还没有被控制住，它就能吸引我们的注意力，使我们无法专心，破坏我们的冥想和全神贯注的状态。

让自己的感官专注于感官对象，意味着生活在世俗的意识状态中。此外，通过收摄所有的感官，我们呈现我们心念原本的状态，那种状态虽然是短暂的，但却是我们一直在寻求的。

2.55

ततः परमा वश्यता इन्द्रियाणाम्

tataḥ paramā vaśyatā indriyāṇām

在这种状态下，感官得到最大限度的控制。

评注 控制感官是练瑜伽的一个重要目的。没有这种控制，就根本无法把意识从物质感官运作的世俗层面提升到超然的层面。不控制感官甚至无法在这个尘世中以目标明确的渐进方式有尊严地生活。

第三部分
神秘力量篇

3.1

देशबन्धश्चित्तस्य धारणा

deśa-bandhaś cittasya dhāraṇā

集中注意力是把意识固定于一点。

评注　《瑜伽经》的第三部分给八部瑜伽的第六个步骤“集中注意力(dhāraṇā)”，下了一个非常客观的定义。

3.2

तत्र प्रत्ययैकतानता ध्यानम्

tatra pratyayaikatānatā dhyānam

冥想是一直专心于一个对象。

评注 这句经文解释了八部瑜伽的第七个步骤——“冥想(dhyāna)”。冥想是比集中注意力更加专心的状态。集中注意力的意思是把意识集中在一个被限定的范围内，而冥想要求把注意力一直集中在一个对象上。要知道：这是非常困难的，只有在成功地完成八部瑜伽前几个步骤的练习后才有可能做到。最近流行的对冥想的定义是，坐在一处，眼睛半睁半闭，观察自己内心出现的各种想法。这不是冥想，古老的典籍或灵性导师们都没有说过这种做法是冥想。这种做法最大的好处是，它让我们通过体验认识到，我们的心念多么的纷乱不安，从而激励我们怀着要控制住这些心理活动的目的，更严肃地走瑜伽之途。

另一个要了解的重点是：瑜伽中谈到的一个“地方”或“单一的目标”，并非是指这个世界里的事物(例如墙上的一个斑点等)。我们知道，在集中注意力和冥想这两个步骤之前的第五个步骤中，我们所做的是把我们的感官注意力从所有的对象上收回(pratyāhāra)。因此，《瑜伽经》中谈到的冥想的“地方”和“对象”，必定不在尘世的范畴中；换句话说，必定是超然的。帕谭佳里在《瑜伽经》中对这些并没有详细说明，而是通过在第二部分中强调练瑜伽需要学习经典和敬爱至尊神，告诉我们如何得到超然的信息。就有关超然的信息，《博伽梵歌》等其他瑜伽典籍中给了我们更多、更生动详细的说明。

3.3

तदेवार्थमात्रनिर्भासं स्वरूपशून्य इव समाधिः

tad evārtha-mātra-nirbhāsaṁ svarūpa-śūnya iva samādhiḥ

全神贯注是冥想焦点全部集中于冥想对象，

冥想者彷佛失去了自身的形象。

评注 八部瑜伽的最后一个步骤是全神贯注(samādhi)。全神贯注是深入冥想的极致状态。在那种状态中，意识完全集中在冥想的对象上，那对象被罩在光亮中，瑜伽师完全处在忘我的状态中。经文中强调了一个重点，即“仿佛失去了自身的形象 (svarūpa-śūnya iva)”。瑜伽师从不会失去他的形象或存在；对此，帕谭佳里在《瑜伽经》第一部分中已经明确说明，练瑜伽要达到的其中一个目的是：认清我们永恒的形象、永恒的个体性。

3.4

त्रयमेकत्र संयमः

trayam ekatra saṁyamah

专注、冥想、

全神贯注于一个目标才是完美的自律。

评注 完全的自律或自制(saṁyamaḥ)意味着把注意力完全专注于冥想至高无上的对象。

3.5

तज्जयात्प्रज्ञालोकः

taj-jayāt prajñālokaḥ

精通完美的自律使人看到知识。

评注 这种完美的自律带给我们纯粹的知识。帕谭佳里提醒我们前面谈到的所有实践内容的目的是什么。

3.6

तस्य भूमिषु विनियोगः

tasya bhūmiṣu viniyogaḥ

这是循序渐进的实践。

评注 帕谭佳里解释了瑜伽程序的最高要求(完美的自律)和其结果(纯粹的知识)，现在再次提醒我们：练瑜伽要取得成功是一个逐步的过程，因此需要有明确的定义和真实可靠的方法。

3.7

त्रयमन्तरङ्गं पूर्वेभ्यः

trayam antar-aṅgaṁ pūrvebhyaḥ

与前面的步骤相比，

这三个步骤是要在内在下功夫。

评注 为了使人对八部瑜伽有更清楚的了解，帕谭佳里在这句经文中解释，八部瑜伽对前五个步骤和后三个步骤有自然的划分。前五个步骤决定生物(自我)与外界的关系，即：该做什么，不该做什么，该采取什么姿势，如何控制呼吸和生命能量，最后如何把感官的注意力从外界收回。后三个步骤是内在的运作，即：集中注意力，冥想和进入全神贯注的状态。然而，要想成功地完成后三个步骤的训练，我们必须先成功地完成前五个步骤。否则，由于我们的意识还在外界徘徊，不受我们的控制，我们对集中注意力、冥想和全神贯注的努力就会因草率从事而得不到结果。

3.8

तदपि बहिरङ्गं निर्बीजस्य

tad api bahir-aṅgaṁ nirbījasya

就连那(三个步骤)都是达到无种子的

全神贯注状态的外在部分。

评注 即使是要在内在下功夫的瑜伽步骤，也还是含有非超然的内容，因此相对于最高层次的“无种子”全神贯注状态(nirbījaḥ samādhi)来说，仍是“外在”的。这里所谈的“无种子”全神贯注，是不需要努力使意识免于物质内容(错觉)的解脱状态。这种全神贯注的状态在经文1.51中有解释，后面的经文也将继续解释。

3.9

व्युत्थाननिरोधसंस्कारयोरभिभवप्रादुर्भावौ निरोधक्षणचित्तान्वयो निरोधपरिणामः

vyutthāna-nirodha-saṁskārayor abhibhava-prādurbhāvau
nirodha-kṣaṇa-cittānvayo nirodha-pariṇāmaḥ

转向中断的过程伴随着心念的片刻中断；在这种状态下，注意力不再分散，中断展现出来。

评注 这句经文引出了以“转变(pariṇāmaḥ)”为话题的新的一部分内容。我们应该记住，“中断(nirodha)”一词是从世俗的角度谈的，也就是中断以自我为中心享受现实存在的物质心理活动；而不是从绝对意义上谈的。

瑜伽练习是一个渐进的过程，帕谭佳里在这句经文中解释了在最进步的阶段，也就是练瑜伽的人成功地完成了前五个步骤，开始进行最后三个作用于内心的步骤时，会发生的情况。这个阶段是向终点冲刺的阶段，也就是经文

1.2谈到的，要达到瑜伽主要的目标——控制心理活动，中断物质的心理活动。在这一过程中，梵文所称的两种“萨么斯卡尔(saṁskāra)”存在着竞争。“萨么斯卡尔”一词以前被翻译为“精微的条件反射”或“物质的条件反射”；这句及后面的经文在指瑜伽行者的一些积极方面时，还被翻译为“潜意识中的印象”，而这是更好的翻译。这两种“萨么斯卡尔”因此是“精微的物质条件反射(vyutthāna saṁskāra)”和“受到启发后的潜意识中的印象(nirodha-saṁskāra)”。瑜伽师体验过这种超然意识被唤醒的曙光初露的状态，但还无法成功地一直保持那种状态；然而，这些“启明”激励和引导他把自己置于更佳的状态，因物质条件反射而处在“思维不集中”的时间越来越少。

3.10

तस्य प्रशान्तवाहिता संस्कारात्

tasya praśānta-vāhitā saṁskārāt

这种转变所导致的安详，

来自中断发生时的潜意识中的印象。

评注 意识的转变和进化过程是平静、安详的流动性变化过程，而不是一种突然的、令人痛苦难忘的过程。帕谭佳里在此再次强调，超然意识时而闪现的微光，激励瑜伽行者继续在瑜伽的路途上朝完美境界迈进。我们哪怕只体验过一次这种神性状态的一滴甘露，都会毫不怀疑地继续走下去。这种体验绝对无可比拟。它的确是《博伽梵歌》第2章第59节诗所说的“更高品味”。

3.11

सर्वार्थतैकाग्रतयोः क्षयोदयौ चित्तस्य समाधिपरिणामः

sarvārthataikāgratayoḥ kṣayodayau cittasya samādhi-pariṇāmaḥ

注意力越来越少地集中于外界事物，越来越多地集中在一点上，就是向全神贯注状态的转化。

评注 现在，帕谭佳里在描述另一种转变，它超越只是中止世俗心理活动的程序，将人引向全神贯注的出神状态。这种转变可以通过瑜伽行者的意识对尘世对象的专注越来越少，相反对绝对存在的专注越来越多地加以衡量。

3.12

ततः पुनः शान्तोदितौ तुल्यप्रत्ययौ चित्तस्य एकाग्रतापरिणामः

tataḥ punaḥ śāntoditau tulya-pratyayau cittasya ekāgratā-pariṇāmaḥ

随后，当平静感和上升感再次达到平衡状态时，意识便专注于一点。

评注 这句经文中的平静感(śānta)是指一种心理状态；在这种状态中，我们逐渐清除负面的意识。与此同时，上升感或增强感这一有利于人的心理状态作为其结果浮现出来，引领我们走向完美。当这两种状态平衡时，我们就达到了我们的意识专注于一点的转变阶段。

实际说来，这是瑜伽行者生活中非常真实和单纯的体验。在每一个不分心的片刻，瑜伽师都观察他(她)自己的心理状态，努力维持注意力集中、冥想和最终超然的全神贯注状态。干扰和阻碍在这一过程中不断出现，要把我们从这条路途或状态中拉开。我们必须立刻处理它们，平定思维乱流，通过提升它，再次正确地指引它。我们越没有经验，两种状态之间的差别就越明显。然而，随着我们的进步，我们感知到，差别在逐渐减少；我们发现自己处在一种范围更小、层面更高的意识领域中，直到不再有差别和变化。在这一时刻，人就处在了完美的全神贯注状态中。

3.13

एतेन भूतेन्द्रियेषु धर्मलक्षणावस्थापरिणामा व्याख्याताः

etena bhūtendriyeṣu dharma-lakṣaṇāvasthā-pariṇāmā vyākhyātāḥ

通过这一切，物质元素和感觉器官的属性、特征和状态的转变得到了解释。

评注 经文3.9—3.12所解释的这些转变所造成的结果，也转变了瑜伽师周围的客观存在。

现象学可以帮助我们轻易地理解这方面的内容。随着我们的意识的转变，我们将会以不同的方式看待一切。一切看上去将不再与从前一样，感觉器官将不再有同样的欲望和缺陷。我们的喜好改变了，我们对尘世的依恋消除了。因此，我们的实际存在状态转变了。

3.14

शान्तोदिताव्यपदेश्यधर्मानुपाती धर्मी

śāntoditāvyapadeśya-dharmānupātī dharmī

处在静止、活跃或不确定状态的属性，
使属性的拥有者以具体的方式展示出来。

评注 帕谭佳里在说一个很简单的事实，尽管对梵文经文的直译使其看似复杂。我们都有很多的个性和特征，即使在解脱的状态中也依然有。在任何时候，我们都按照我们那些可以改变的个性行事。例如：我们可以有幽默的个性。这个性在一个时刻可以很活跃，但在另一个时刻却显得根本不存在(静止时)，或者可以在两种极端的表现之间(不确定的状态)。

3.15

क्रमान्यत्वम्परिणामअन्यत्वे हेतुः

kramānyatvam pariṇāma-anyatve hetuḥ

转变各不相同的原因是，发生的次序不同。

评注 我们每一个人的灵性转变过程都不同，发生的先后次序也不同。这既因为我们的个体特性不同，也因为至尊主——活跃的控制者(śvara)在控制着一切。我们每一个生物都在灵性进步的过程中与至尊主互动，都按照自己的特性走在得到启发的路途上。

这句经文结束了对转变这一内容的解释。瑜伽师所得到的各种不同的力量和知识，在第三部分剩余的部分就会解释。

接下来的经文对我们大家来说，有可能显得陌生或如同神话。我们应该记住，这里所描述的练八部瑜伽(aṣṭāṅga-yoga)达到完美阶段所得到的结果，实际上在今天是不可能得到的。如今世上的瑜伽师如果哪怕有这些力量的一小部分，他都一定会非常谦虚并隐居起来。原因是：要通过练八部瑜伽达到这种完美的程度，就必须生活在一个人迹罕至的地方，克服骄傲和想要得到认可的欲望。不幸的是，很多人都会说他们有这样的力量，或者他们可以教导人们，但他们实际上无法证明自己真有这样的力量。即使有人给我们表演过什么，那些表演与《瑜伽经》中将要描述的一切相比，也显得微不足道、零散，或只不过是把戏而已。谈到这一点，现代职业魔术师所表演的魔术，比任何自称为是神的化身的人玩的把戏要令人敬佩得多。

在韦达典籍中，我们确实看到有许多对瑜伽力量的描述，所有这些描述有一个共同的特点，即：当我们把心念完全集中在真实存在的一个特定方面时，我们就会得到超自然的力量和知识。我们最好记住，讲述过的这种训练方法，需要以完全客观的方式集中注意力，做到全神贯注，去除一切条件反射的作用。这当然很难做到；只有在尽最大的努力做到八部瑜伽的前五个步骤，即：完全自律、严格奉行、娴熟的瑜伽姿式、精通对生命能量的控制，以及培养了把感官的感知力从感官对象上收回的十足能力，才能做到集中注意力和全神贯注。在瑜伽经典的记载中可以看到，在古老的年代里，由于人的寿命比现代人的寿命长，那些瑜伽师为了得到这些瑜伽力量，甚至要冥想好几千年的时间。

要考虑的另一个内容是：韦达文化中有一个概念，即万事万物彼此之间都有关联。这一概念在量子物理学理论变得众所周知后被人们所普遍接受。韦达经(Vedas)中详细阐述了激活和使用宇宙内不同事物之间这种相互关系的各种方式，其中包括利用不同的声音震荡(mantras)、几何学、特定的原料、祭祀之火、仪式和冥想。但经典中也说：由于缺乏适合的总体环境，以及掌控这些复杂精细程序的有资格的人，这些技术在如今这个年代(始于五千二百年前)通常无法实施，得不到应有的效果。

最重要的是要了解，练瑜伽不是为了得到瑜伽力量。在《瑜伽经》和其他韦达典籍中明确说明，依恋所得到的这些力量甚至想要得到它们的瑜伽师，是在浪费时间，冒失去已得到的一切的危险。更糟糕的是，把注意力分散到这些事情上的瑜伽师不再能看见最终的目标。这目标是：清除一切以自我为中心的欲望，与至尊神完美地连接上；而这才是瑜伽的真正含义。

3.16

परिणामत्रयसंयमादतीतानागतज्ञानम्

pariṇāma-traya-saṁyamād atītānāgata-jñānam

完美地控制住三种转变，使人了解过去和未来。

评注 概括前面经文的内容，我们了解三种转变分别是指：一、导向控制心理过程的转变；二、使人达到全神贯注状态的转变；三、将积极与消极的思维意识流转向灵性启明的转变。

这三个程序都是为了控制内心并与至尊神连接。帕谭佳里告诉我们，这将使人了解过去和未来。这很有道理。至尊神无疑知道有关过去和未来的一切，因此与祂连接，再加上通过认真实施这三种转变程序得来的平静与内心的纯洁，使我们有可能具有这种了解力。了解这句经文的另一种方式是：认识到知识无所不在，在天体中、躯体的特征内、石头上、茶叶里、彩虹中和手掌上，等等；靠清除覆盖在我们心镜上的以自我为中心的物质污染，我们就变得越来越能够获取所有这些以精微形式存在的信息。

3.17

शब्दार्थप्रत्ययानामितरेतराध्यासात्संकरस्तत्प्रविभागसंयमात्सर्वभूतरुतज्ञानम्

śabdārtha-pratyayānām itaretarādhyāsāt saṁkaras tat-pravibhāga-saṁyamāt sarva-bhūta-ruta-jñānam

错误地把词汇、其所指对象及有关概念混为一谈，使人产生困惑；训练自己彻底分清它们之间的区别，就可以了解所有生物体发出的叫喊声所具有的含义。

评注 帕谭佳里在此指出，我们经常错误地把一个词、一个词所指的对象，以及我们对那个词的看法混为一谈；但事实上，我们应该清楚地认识到，这些是不一样的内容。这种训练使我们可以完全客观、正确地觉察我们的心理活动。

如果我们用片刻的时间静下心来，思考一下有关这一内容，我们就会明白，我们自然而然就会把概念、名字和其所指的对象当作一体加以分析。现在，选择一个在你面前的物体，尝试着把它本身、它的名字和你对它的概念分开。尝试着去看没有称号的这个物体，把它的名字当作另一个内容分开来看，并看同一个物体还有其他的名字(其他语言对它的称呼等)，然后分析你对那个物体的概念。这样做意味着你在面对客观存在事物本身的纯粹表现形式，去除了遮挡着它的各种错误概念。

帕谭佳里向我们保证，如果我们能完美地做到这一点，我们就会具有听懂所有种类的生物体所发出的喊叫声的能力。了解这一能力的另一种方法，是领会梵文“rūta”一词所表达的“叫喊、哭”的意思。换句话说，靠培养完全客观地看待有关真实存在的能力，我们就可以完全理解并同情所有种类的生物体的感受。

3.18

संस्कारसाक्षात्करणात्पूर्वजातिज्ञानम्

saṁskāra-sākṣāt-karaṇāt pūrva-jāti-jñānam

靠直接观察自己精微的条件反射状态，

可以理解自己过去的生世。

评注 这句经文中的梵文“sākṣāt”一词直译的意思是“目击”。通过看我们精微的条件反射状态(saṁskāra)，我们可以了解自己过去的生世。原因存在于结果之中。这并不太难理解，因为现代心理学的基本概念，就是研究现在的状态以了解过去发生过的事情。一位心理学家就因为运用可以使我们进入潜意识(saṁskāras)的催眠术揭示他的病人过去生世的情况而变得很著名。真正的迷人之处在于，帕谭佳里大约于两千年前就用非常科学的语言在谈论这个内容了。

3.19

प्रत्ययस्य परचित्तज्ञानम्

pratyayasya para-citta-jñānam

靠直接观察他人的意识状态，

可以了解他人的内心。

评注 受过良好训练的心理学家，或者精通观察心念活动的极为成熟、经验丰富的人，可以看透他人的内心。瑜伽之途之所以被比作心理学，是因为练瑜伽就是为了完全控制住心念，以及它的翻转变化，以便上升到十分纯洁、平静和注意力集中的意识层面。

3.20

न च तत्सालम्बनं तस्याविषयीभूतत्वात्

na ca tat sālambanaṁ tasyāviṣayī-bhūtatvāt

但那并不包括了解他人思考的对象，

因为这类对象并不是观察者感知的对象。

评注 前一句经文中所谈的能力有一个局限。帕谭佳里说，具有了解他人内心的能力，并不意味着知道他人心中所思所想的一切，而是像有经验的心理学家一样对人有很深入的了解，或者像我们了解那些与我们有长期、密切接触的人一样。

3.21

कायरूपसंयमात्तद्ग्राह्यशक्तिस्तम्भे
चक्षुःप्रकाशासंयोगेऽन्तर्धानम्

kāya-rūpa-saṁyamāt tad-grāhya-śakti-stambhe cakṣuḥ-prakāśāsaṁyoge'ntardhānam

完全控制身体的形象，可以使人通过阻断他人对身体的感知力，在他人的视野中消失。

评注 这句经文中的梵文“变得无形(antardhānam)”一词，是由“内在(antar)”和“使处于某种状态(dhānam)”这两个梵文词组成的。它就像离开外在的世界，进入内在世界一样。我们在韦达经典中经常看到有类似的记载，描述伟大的智者、瑜伽师和天堂中的其他生物体从人的视野中消失的事件。帕谭佳里解释说，当我们能够阻断他人感知身体的能力时，就可以做到在他人面前消失。那是完全控制住身体形象(外在的躯体)的能力所产生的结果。

3.21a

एतेन शब्दाद्यन्तर्धानमुक्तम्

etena śabdādy-antardhānam uktam

靠这种能力，可以使人察觉不到声音等一切。

评注 不是所有版本的《瑜伽经》中都有这句经文，因此在此用3.21a 标示它。这句经文解释说，前一句经文中所谈到的能力，也可以用于我们发出的声音等方面。瑜伽师用他的这一能力也可以阻断人们对他走路时脚步发出的声音、衣服的摩擦声和身体发出的气味的感知。

3.22

सोपक्रमन्निरुपक्रमं च कर्म तत्संयमादपरान्तज्ञानमरिष्टेभ्यो वा

sopakramam nirupakramaṁ ca karma tat-saṁyamād aparānta-jñānam ariṣṭebhyo vā

业报包括已经在展现的过程中和尚未开始展现的。靠精通业报定律，懂得预兆，人明了最后的结局——死亡。

评注 我们的身体状况、经济情况、思维能力等，都是我们过去的业报在当前的展现。除了这些，还有被储存起来即将展现的报应。帕谭佳里在这句经文中说：靠对尚未开始展现的报应之了解，也就是说靠清楚地了解未来，我们可以预先知道自己的死亡时间，也就是知道自己现有的这个身体什么时候停止运作。这听起来似乎很恐怖，但对超然主义者来说，了解这样的细节是巨大的恩惠，因为这使他可以更好地准备自己，度过那更换身体的重要时刻。

3.23

मैत्र्यादिषु बलानि

maitry-ādiṣu balāni

对友好、仁慈、欢乐和冷漠的完全控制，使它们产生各自的力量。

评注 这句经文中谈到的友好等，与经文1.33有关。那句经文中列举了要对快乐之人友好，对痛苦之人仁慈，因虔诚而欢乐，回避不虔诚等内容。

3.24

बलेषु हस्तिबलादीनि

baleṣu hasti-balādīni

对各种力量的完全控制，使人产生大象等的力量。

评注 各种力量都独立存在，但以各种不同的方式展现出来，例如：大象的力气；鱼儿在水下呼吸的能力；飞禽飞翔的能力等。帕谭佳里在此说明，靠全神贯注地冥想这些力量，就可以获得它们。

3.25

प्रवृत्त्यालोकन्यासात्सूक्ष्मव्यवहितविप्रकृष्टज्ञानम्

pravṛtty-āloka-nyāsāt sūkṣma-vyavahita-viprakṛṣṭa-jñānam

在心念活动上放置光亮，

使人了解精微、隐秘和远距离的事物。

评注 这句经文中的梵文“āloka-nyāsāt”一句直译的意思是“投射照明的光”，其中“nyāsāt”一词也被用来描述利用曼陀(mantra)在身体不同的部位标上神圣的标志，组成一个有保护作用的神性盔甲，或只是标明这躯体是用来为神服务的工具。这是韦达文化中一种古老、普遍的惯例，这惯例直至今日仍被沿用。

随着我们的内心按照冥想训练、敬爱神、学习经典等瑜伽的各个步骤的实践得到净化，它将自然变成一个更强有力、更精致的工具，使我们对更多的事物具有越来越强的洞察力、理解力和感知力。

3.26

भुवनज्ञानं सूर्ये संयमात्

bhuvana-jñānaṁ sūrye saṁyamāt

靠全神贯注地冥想太阳，

可以得到对各个世界的知识。

评注 靠全神贯注地冥想太阳——众星之王，我们可以得到所有围绕着太阳转动的其他星球(世界)的知识。

3.27

चन्द्रे ताराव्यूहज्ञानम्

candre tārā-vyūha-jñānam

靠全神贯注地冥想月亮，可以得到星象的知识。

评注 当我们全神贯注地冥想月亮时，我们可以得到在夜空中看到的其他天体的知识。

3.28

ध्रुवे तद्गतिज्ञानम्

dhruve tad-gati-jñānam

靠全神贯注地冥想北极星，得到星辰运行的知识。

评注 北极星的位置是固定的，所有其他星星都围绕它转动。帕谭佳里宣布，靠全神贯注地冥想北极星，我们可以了解所有星辰运行的情况。

3.29

नाभिचक्रे कायव्यूहज्ञानम्

nābhi-cakre kāya-vyūha-jñānam

靠全神贯注地冥想脐轮，
得到有关身体构造的知识。

评注 韦达医学(ayurveda)认为身体有七个轮(chakras)或称能量中心，其中一个位于肚脐下大约一英寸的地方，代表生殖系统，是生产其他躯体的源头。

3.30

कण्ठकूपे क्षुत्पिपासानिवृत्तिः

kaṇṭha-kūpe kṣut-pipāsā-nivṛttiḥ

靠全神贯注地冥想喉穴，可以中止饥饿和口渴感。

评注 这里说的喉穴(kaṇṭha-kūpe)，是指喉轮。

3.31

कूर्मनाड्यां स्थैर्यम्

kūrma-nāḍyāṁ sthairyam

靠全神贯注地冥想龟静脉，人变得稳健。

评注 龟静脉是靠近喉咙的能量中心(有时也被认为是一根神经)。经文中梵文“库尔玛(kūrma)”的意思是“龟”，之所以这样称呼这个能量中心，是因为它给人提供像乌龟一样四平八稳的稳定力量。

3.32

मूर्धज्योतिषि सिद्धदर्शनम्

mūrdha-jyotiṣi siddha-darśanam

靠全神贯注地冥想顶轮的亮光，

人看到完美的生物体。

评注 经文中的梵文“mūrdha-jyoti”一句直译的意思是“来自头部的光”，是指位于头顶的顶轮。

3.33

प्रातिभाद्वा सर्वम्

prātibhād vā sarvam

直觉使人真正地了解一切。

3.34

हृदये चित्तसंवित्

hṛdaye citta-saṁvit

靠全神贯注地冥想心脏，
就会完全彻底地了解意识。

3.35

सत्त्वपुरुषयोरत्यन्तासङ्कीर्णयोः प्रत्ययाविशेषो भोगः परार्थत्वात्स्वार्थसंयमात्पुरुषज्ञानम्

sattva-puruṣayor atyantāsaṅkīrṇayoḥ pratyayāviśeṣo bhogaḥ parārthatvāt svārtha-saṁyamāt puruṣa-jñānam

不了解自然的清明属性与灵魂之间的区别，使人经历尘世的体验。靠完美地了解作为主体本身的灵魂与依靠他而存在的物质自然清明属性的区别，人获得对灵魂的认识。

评注 这是《瑜伽经》以不同的方式、从不同的角度多次强调过的灵性进步的核心。重点是要了解有两种能量：灵性(超然的)能量和物质自然能量。灵性能量是生命和意识。物质能量只不过是一个依靠灵性能量的对象。如果我们混淆这两种能量，尤其是如果我们把自己与由物质能量制成的躯体认同，执着于尘世体验，像《瑜伽经》第二部分详细解释的那样在唯物主义的层面上生活，这种局限的、错觉性的意识就会使我们遭受痛苦。

这句经文中的“物质自然清明属性(sattva)”一词，是指物质自然的最高属性(guṇā)。正如前面说明过的，数论哲学的核心就是对不同属性的了解，因此是练瑜伽必不可少的内容。《博伽梵歌》对此进行了更详细的解释。梵文“萨特瓦(sattva)”一词也被翻译为善良属性，其特点是平静、洁净、洞察力、稳定和仁慈。帕谭佳里在这句经文中告诉我们，了解在这种最佳的物质状态(最高的物质虔诚)影响下的生活与真正的灵性生活之间的区别，是获得灵性知识的最佳方式。换句话说，我们必须清楚地了解最高级的物质属性——善良属性(sattva)，与真正的超然存在——灵魂(puruṣa)之间的区别。物质自然的这种最佳状态，会带给我们健康、平静、快乐感和知识等；但由于它仍是物质的，不包括超然的知识或体验，它无法带给我们永恒和彻底的自由。

3.36

ततः प्रातिभश्रावणवेदनादर्शास्वादवार्ता जायन्ते

tataḥ prātibha-śrāvaṇa-vedanādarśāsvāda-vārtā jāyante

这知识使人通过聆听、触碰、观看、
品尝和嗅闻体验超越物质范畴的事物。

评注 在超然的层面上，我们体验整个一系列的情感和感觉，因为这些都是生命的征象。灵性进步的结果不是停止生活，我们不会停止存在、感觉或思考。灵性进步是把我们的意识从物质层面短暂、有限的生活中转移开，转到超然生活及神性存在中。物质生活因为并不兼容，所以自然会使我们感到沮丧和焦虑。

3.37

ते समाधावुपसर्गा व्युत्थाने सिद्धयः

te samādhāv upasargā vyutthāne siddhayaḥ

这些瑜伽神通如果分散瑜伽行者的注意力，
就会妨碍他们全神贯注地冥想。

评注 我们在此看到所有的瑜伽典籍都警告人们的一个事实，即：通过高度集中注意力所获得的“神通(siddhis)”。

事实上，瑜伽行者不该追求这些神通，因为它们是努力达到全神贯注状态(samādhi)的过程中的障碍。我们应该把注意力集中在敬爱神这方面；按照帕谭佳里的说法，这样做才能把人引向真正的全神贯注的完美境界(参照经文1.23和2.45)。这才是瑜伽师追求的与神连接的完美且稳定的生活，因为只有这种生活才会带给我们以永恒的形象所体验到的神性极乐(经文1.3)。想要享受这些尘世力量的瑜伽师，最终只是坠回到物质的层面，生活在以自我为中心的错觉中。

3.38

बन्धकारणशैथिल्यात्प्रचारसंवेदनाच्च चित्तस्य परशरीरावेशः

bandha-kāraṇa-śaithilyāt pracāra-saṁvedanāc ca cittasya para-śarīrāveśaḥ

通过松开捆绑的镣铐，投射出自己，
人的思维就能进入他人的身体。

评注 帕谭佳里从一个更容易理解的角度解释到，通过减少对我们躯体的依恋，我们可以更容易地了解其他人和生物体，增加同情心。执着、色欲、贪婪等越使我们受到躯体的束缚(bandha)，我们就越难对他人或其他生物体有同情心。

3.39

उदानजयाज्जलपङ्ककण्टकादिष्वसङ्ग उत्क्रान्तिश्च

udāna-jayāj jala-paṅka-kaṇṭakādiṣv asaṅga utkrāntiś ca

精通提升体内生命之气的人，不会沉入水中、泥浆中或荆棘丛中，等等，而是可以飘在它们之上。

评注 在韦达医学中，生命能量(或称生命之气)被分为五种，其中一种是上升的能量或上行气(udāna)。

完美地控制这一上升的生命能量，可以使我们变得更轻，而控制下行气可以使我们变得更重。练太极拳和其他武术的人，也学习控制生命能量的流动，培养这方面的能力。

3.40

समानजयाज्ज्वलनम्

samāna-jayāj jvalanam

精通控制腹内的火之气的人，放射出火一般的光辉。

评注 生命能量的另一种表现形式是，负责消化过程的消化之火(samāna)。

3.41

श्रोत्राकाशयोः सम्बन्धसंयमाद्दिव्यं श्रोत्रम्

śrotrākāśayoḥ sambandha-saṁyamād divyaṁ śrotram

靠全神贯注地冥想耳朵和空间彼此之间的关系，人具有神性的听力。

3.42

कायाकाशयोः सम्बन्धसंयमाल्लघुतूलसमापत्तेश्चाकाशगमनम्

kāyākāśayoḥ sambandha-saṁyamāl laghu-tūla-samāpatteś cākāśa-gamanam

靠全神贯注地冥想躯体与空间的关系，以及变得如棉絮般轻，人可以穿越空间。

评注 韦达文化详细地解释了宇宙及其他星球上的生活；也多次提到用飞船在星际间旅行的事；或像这句经文描述的，伟大的圣人不用机械设施就可以在太空中旅行。

3.43

बहिरकल्पिता वृत्तिर्महाविदेह ततः प्रकाशावरणक्षयः

bahir akalpitā vṛttir mahā-videha tataḥ prakāśāvaraṇa-kṣayaḥ

不涉及外界事物的思维内容，称为“没有躯体概念的非凡思维”；这将去除遮住光明的帷幕。

评注 练瑜伽的目的是控制心理活动，以战胜愚昧(尘世的看法)；同时获得不受躯体概念限制的崇高思想(mahā-videha)。这句经文直译的意思就是，“没有躯体概念的非凡思想”。这种没有躯体概念的意识状态(超然的意识)，消除错觉的蒙蔽(prakāśāvaraṇa-kṣayaḥ)。

3.44

स्थूलस्वरूपसूक्ष्मान्वयार्थवत्त्वसंयमाद्भूतजयः

sthūla-svarūpa-sūkṣmānvayārthavattva-saṁyamād bhūta-jayaḥ

靠全神贯注地冥想物质元素的表象、内在、精微、与其他事物的关系和用途等方面的内容，人获得控制它们的能力。

评注 帕谭佳里现在在描述甚至更高级的力量——征服物质(bhūta-jayaḥ)。这是通过冥想物质元素的不同方面所达到的一种完美境界。那些不同的方面分别是：一、外表或粗糙的方面(sthūla)；二、内在方面，或者一种元素的构成或特性(svarūpa)；三、精微的、觉察不到的潜在方面(sūkṣma)；四、关系方面，或者说是一种元素如何与实际存在的另一些方面有关(anvaya)；五、用途方面，或者说是每一种元素的用途(arthavattva)。

帕谭佳里在阐述深入、细致地了解物质自然的一种完整方式。现代科学做事的方法与他阐述的方式十分近似，即：持续地研究大自然，以便获得越来越多的控制它的能力。

3.45

ततोऽइमादिप्रादुर्भावः कायसम्पत्तद्धर्मानभिघातश्च

tato 'imādi-prādurbhāvaḥ kāya-sampat-tad-dharmānabhighātaś ca

接着，非凡的力量展现了。那时，人可以变得如原子般小，身体变得很完美，不再受物质的限制。

评注 在我们受制约的存在状态中，我们经常误用给我们的力量。我们倾向于利用钱财、美丽、智力、名声和力量等操纵他人，谋取个人利益。所以，我们可以想象这样的力量能对受制约的灵魂造成怎样的危害。为此，经文3.37中说明，更重要的是培养真正的神性品质；换句话说，追求超然意识中完美的心醉神迷状态。

3.46

रूपलावण्यबलवज्रसंहननत्वानि कायसम्पत्

rūpa-lāvaṇya-bala-vajra-saṁhananatvāni kāya-sampat

躯体的完美包括美丽、优雅的风度、力量，放射出钻石般耀眼的光芒。

3.47

ग्रहणस्वरूपास्मितान्वयअर्थवत्त्वसंयमादिन्द्रियजयः

grahaṇa-svarūpāsmitānvaya-arthavattva-saṁyamād indriya-jayaḥ

靠全神贯注地冥想感觉器官的接受、固有、利己、关系和有目的的作用，人获得控制它们的能力。

评注 这与经文3.44中阐述的分析自然元素的技术一样；瑜伽师用这个技术，也可以了解和掌管自己体内的感觉器官。

3.48

ततो मनोजवित्वं विकरणभावः प्रधानजयश्च

tato mano-javitvaṁ vikaraṇa-bhāvaḥ pradhāna-jayaś ca

这以后，人获得敏捷的心智，以及不需要借助感官的帮助就可以感知及控制原始物质的能力。

评注 这句经文中用了数论哲学的另一个词“原始物质(pradhāna)”。数论哲学的概念是，物质存在中的一切都来自“原始物质”。换句话说，原始物质是指物质自然(物质自然三种属性)的静止状态。“原始物质”一词还可以被理解为；是没有时间因素的一切物质能量的集合总体。这个梵文词被进一步用来描述物质能量总体的活跃状态。

3.49

सत्त्वपुरुषान्यताख्यातिमात्रस्य सर्वभावाधिष्ठातृत्वं सर्वज्ञातृत्वं

sattva-puruṣānyatā-khyāti-mātrasya sarva-bhāvādhiṣṭhātṛtvaṁ sarva-jñātṛtvaṁ

注意分清物质自然完美的清明本质与灵魂之间的区别，就变得全知，具有超越所有其他存在状态的能力。

评注 正如在经文3.35所做的，帕谭佳里再次强调，清楚地了解物质自然善良属性的清明品质(sattva)与生物(puruṣa)之间的区别极其重要。清楚地区分这两者之间的区别，是练瑜伽成功的标志。这种完美的认识，使瑜伽师上升到超然的层面，不再有错觉和痛苦。处在这种状态中的生物具有完整的知识(至少不再愚昧)，超越所有其他的存在状态。

3.50

तद्वैराग्यादपि दोषबीजक्षये कैवल्यम्

tad-vairāgyād api doṣa-bīja-kṣaye kaivalyam

依靠客观，甚至是对这些力量保持超脱的态度，灵魂的自由就随罪恶种子的被消灭而到来。

评注 这些力量最终不过是对瑜伽师的诱惑——诱惑他离开他所走的通向自由的路。瑜伽师利用这些力量时只要有一丝一毫的以自我为中心的想法，他所从事的活动就会再次产生报应，就是在错误的种子(bīja)上浇水，从而使瑜伽师再次陷入物质受制约的罗网，偏离追求解脱的路途，重新坠入生死轮回。梵文“窦沙(doṣa)”是一种有害的品质、一种缺陷，是与神性存在相冲突的行为。我们应该记住，我们都有某种程度的力量，都具有某种程度的智慧、美丽、富裕、名声和弃绝。因此，我们应该格外注意自己如何运用这些力量，哪怕它们显得微不足道。这揭示我们的本性，决定我们的命运。帕谭佳里向我们解释说，瑜伽师不要依恋这些几乎是不可思议的神秘力量。更不要说我们现有的那些微不足道的力量了。当我们看清我们对现有的这些微不足道的可怜力量是多么依恋时，我们就能明白我们还需要在瑜伽之途上走多远的路。

3.51

स्थान्युपनिमन्त्रणे सङ्गस्मयाकरणम्पुनरनिष्टप्रसङ्गात्

sthāny-upanimantraṇe saṅga-smayākaraṇam punar-aniṣṭa-prasaṅgāt

应该避免热心于或得意于半神人所给予的引诱，免得再次产生有害的依恋。

评注 帕谭佳里现在用“否定形式”的教导重申，要十分小心这些力量。韦达典籍中在强调一个重要方面时，经常运用这种教育技巧。同一个内容首先用肯定的形式加以解释，说应该以某种方式做某事，以获得好的结果；然后用否定的形式说，不该做相反的事，否则就会得到不值得要的结果。这句经文中的梵文“身份和地位高的(sthāni)”一词，是指强大有力的生物，即：控制物质自然的半神人或至尊主本人。

3.52

क्षणतत्क्रमयोः सम्यमाद्विवेकज्ञानम्

kṣaṇa-tat-kramayoḥ samyamād viveka-jñānam

靠全神贯注地冥想每一个瞬间及它们构成的连续的时间，人得到来自辨别的知识。

评注 这方面的内容将在第四部分，也就是《瑜伽经》的最后一部分中作进一步的解释。概念是：灵性的一切是永恒、不变的，但物质的一切一直在变化。靠深入分析时间对客观存在的影响，我们可以了解客观存在着的灵性与物质这两种能量之间根本的区别，从而获得最敏锐的洞察力，永不再感到困惑。

3.53

जातिलक्षणदेशैरन्यतानवच्छेदात्तुल्ययोस्ततः प्रतिपत्तिः

jāti-lakṣaṇa-deśair anyatānavacchedāt tulyayos tataḥ pratipattiḥ

依靠辨别，人可以了解两个看来相似的事物的来源、特性或状态之间的区别。

3.54

तारकं सर्वविषयं सर्वथाविषयमक्रमं चेति विवेकजं ज्ञानम्

tārakaṁ sarva-viṣayaṁ sarvathā-viṣayam akramaṁ ceti viveka-jaṁ jñānam

靠辨别得到的知识超然、包罗万象，与各种事物所有的状态都有关，是瞬间得到的知识。

3.55

सत्त्वपुरुषयोः शुद्धिसाम्ये कैवल्यमिति

sattva-puruṣayoḥ śuddhi-sāmye kaivalyam iti

当物质自然的清明属性和灵魂处在绝对平衡的状态时，灵魂便完全自由了。

评注 在《博伽梵歌》(*Bhagavad-gita*)和《圣典博伽瓦谭》(*Srimad Bhagavatam*)中，我们会发现，梵文“纯粹的善良属性(śuddha sattva)”一词是灵性生活的同义词。换句话说，生活在处于绝对纯净状态的物质能量中，与生活在超然层面上一样。物质清明属性的纯净状态最重要的特征是，其中没有丝毫其他低等的物质属性，而那些属性是执着、邪恶和堕落行为等的起源。

绝对的自由是瑜伽师达到的最完美的境界，得到的最大力量(vibhūti)。这句讲述瑜伽师力量的最后一句经文，强调灵性生活——在超然层面上的生活，是瑜伽师追求的最高目标。了解这一点非常重要。这种绝对的自由并非得自那些可以影响事物、我们周围的人，甚至自己躯体的力量，而是来自内在的纯洁——意识的纯洁。自由意味着不成为愚昧产物的受害者，而遮盖纯粹意识的愚昧产物是：条件反射、物质影响、自私，以及以自我为中心的欲望、错觉等。正如帕谭佳里在《瑜伽经》第二部分中解释的，愚昧是一切痛苦的根源。《圣典博伽瓦谭》等其他更机密的典籍揭示说，使人无法有纯粹的爱是由愚昧造成的最大的痛苦。在愚昧的影响下，我们无法去爱，也找不到我们可以爱的可靠的对象。在自私欲望和条件反射作用的影响下，我们没有能力无条件地表达爱。我们被带到不同的境况和躯体中，无法把我们的爱固定在一个永恒、完美的对象上。这纯粹的爱在超然的层面上才能找到；换句话说，只有当我们彻底去除愚昧时才能找到。只有那时，我们才将展现我们神性的本性，重新发现我们爱的完美的对象。那时，绝对的自由就是纯粹的爱的自由。

第四部分
解 脱 篇

4.1

जन्मौषधिमन्त्रतपःसमाधिजाः सिद्धयः

janmauṣadhi-mantra-tapaḥ-samādhi-jāḥ siddhayaḥ

完美的力量可以经由出生、药草、曼陀(赞歌)、苦行和纯粹的冥想得到。

评注　帕谭佳里在这句经文中解释，前面介绍过的那些力量，除了冥想也可以通过其他方式得到。他以此结束了对神秘力量的谈论。

4.2

जात्यन्तरपरिणामः प्रकृत्यापूरात्

jāty-antara-pariṇāmaḥ prakṛty-āpūrāt

特定的自然属性占优势，

使灵魂移居到其他物种中。

评注 帕谭佳里在此以简单的方式解释灵魂轮回的原理。韦达概念是，我们按照自己培养的意识所具有的主要特性接受躯体。换句话说，物质躯体只不过是我们在物质层面上所具有的欲望及应该得到的结果。因此，瑜伽师的目标是培养非物质的意识，以使自己得到解脱，不再有物质躯体，从而最终摆脱令人精疲力竭的生死轮回。

有些人幼稚地认为，控制大自然的半神人所具有的躯体或有许多神秘力量的宇宙圣人所具有的躯体看起来还不错，但有分辨力的人知道，那些躯体只不过是各种牢笼而已，限制我们本身具有的真正的自由。

4.3

निमित्तमप्रयोजकं प्रकृतीनां वरणभेदस्तु ततः क्षेत्रिकवत्

nimittam aprayojakaṁ prakṛtīnāṁ varaṇa-bhedas tu tataḥ kṣetrika-vat

这种结果并非由作为工具的原因所导致，
而是由不同选择所具有的性质所导致。
因此，就像农夫选择播种不同种类的植物就会有不同的收获一样。

评注 农夫选择播种不同植物的种子，经过一段时间的照顾，就可以收获不同的农作物。同样，我们在每一个时刻的选择，将会产生不同的结果。决定我们下一个躯体的并不是所做事情的一般性质(作为工具的原因)，而取决于我们作出的选择所具有的性质。事实上，甚至在短时期内我们都可以看到，自己作出的选择所具有的性质也影响到我们的将来。

在接下来的三句经文中，帕谭佳里将谈论思维的转变。

4.4

निर्माणचित्तान्यस्मितामात्रात्

nirmāṇa-cittāny asmitā-mātrāt

个人的思维是个体性的一部分。

评注 正如解释过的，瑜伽行者主要在心理方面下功夫。瑜伽师寻找磨练他的心理过程及净化他意识的磨刀石，因为他知道自己是意识而不是囚禁他的躯体。要做到这一点，就需要观察我们思维的性质，它们致使人作出如前两句经文所描述的导致深入、长久结果的选择。从外在，瑜伽行者通过他诚实、正直等品德端正的行为，以及促使人变得纯洁、平静的习惯，对他的心智给予正面的影响。从内在，瑜伽行者一直不断地努力全神贯注于超然存在及对神的敬爱之情，程度和稳定性不断增加。

在这句经文中，帕谭佳里对思维的根源给予了解释。他解释说，它是我们个体性的一部分或一个方面。换句话说，我们思维的总和决定我们的身份。为此，我们应该时刻小心我们内心建立起的思维模式。当我们培养消极、嫉妒、愤怒、淫荡或贪婪的念头时，我们实际上是在给自己下毒。

4.5
प्रवृत्तिभेदे प्रयोजकं चित्तमेकमनेकेषाम्

pravṛtti-bhede prayojakaṁ cittam ekam anekeṣām

一个单一的想法产生许多不同的思维活动。

评注 这句经文可以以两种方式加以理解。第一种正如经文的翻译，思维具有加倍的力量。快速地审视一下我们的内心就会发现，一个想法可以制造出一连串无数的念头。一个形象或味道等，足以激起我们对一个人或一件事情的联想，那联想随后产生出对那个人或事件的一系列的想法。每一个细节都可以随后引出更多的细节。这就是心念为什么永远都不会自然而然地静止下来的原因。这个“雪球”永远都没有结束滚动和增大的时候，我们脑子里永远思绪纷飞，一千个念头过去了，还有一千个念头在等着轮到它们跳出来，每一个想法都把我们带到下一个想法。练瑜伽就是要在引导和控制这一思维的程序上下功夫。

对这句经文的另一种理解牵涉对梵文“cittam”的翻译。这个词有“心念”和“思维”这两个意思。如果把它翻译成心念，而不翻译成思维，就可以看到：帕谭佳里在说明另一个真相，一个内心(只有一个！)产生无数的念头，而那些念头随后引发无数的行动。这意味着靠控制这一个内心，我们可以控制我们的思维、念头和所作所为。

4.6

तत्र ध्यानजमनाशयम्

tatra dhyāna-jam anāśayam

由冥想产生的思维在潜意识中不留意向的痕迹。

评注　帕谭佳里现在解释另一种类型的思维——产自冥想的思维(dhyāna-jam)，或称超然的思维。这很重要，因为有一种普遍的错误理解是，瑜伽的完美境界或灵性生活是没有思维的。《瑜伽经》中的许多经文通过解释我们的永恒形象、完美的心理过程及对至尊主完美永恒的奉爱之情，已经证明那种理解是错误的。这句经文通过描述超越尘世意识的另一种存在，在此强调了这一点。对这一主题，其他韦达经典也给予了详细的解释。尘世思维以条件反射或未来行动种子的形式留在潜意识中。然而，引发超然行为的超然思维并不束缚个体灵魂，因为它不在潜意识中留下意向的痕迹，也就是说不会产生业报。有关这一点的原因是，超然的思维和行为明显地不受以自我为中心的错觉概念的束缚，所以不促使或延长我们在这个星球上的存在。

4.7

कर्म अशुक्लाकृष्णं योगिनस्त्रिविधमितरेषाम्

karma aśuklākṛṣṇaṁ yoginas tri-vidham itareṣām

瑜伽师的活动不是黑或白的；其他人从事的活动则要么是黑，要么是白，要么是黑白结合。

评注 这句经文中的梵文“卡尔玛(karma)”一词仅指“活动”，而不是传统哲学中的业报概念。帕谭佳里在继续前一句经文中的话题。他在其中解释说，瑜伽师的思维不同于那些因为有尘世的意识而受制约的生物的想法。在此，他解释道：瑜伽师的所作所为也有其特点。梵文“黑或白(śukla-kṛṣṇa)”被用于形容积极和消极，得到启发或没有得到启发，虔诚或罪恶，好或坏等标准概念。瑜伽师的活动具有超然的本性，所以超越了虔诚或罪恶、好与坏等的范畴。然而，那些仍具有尘世意识，带着物质躯体概念和以自我为中心的观念从事的活动，可以十分好(白)或十分坏(黑)，或者更常见的是两者(黑与白)的结合。

4.8

ततस्तद्विपाकानुगुणानामेवाभिव्यक्तिर्वासनाम्

tatas tad-vipākānuguṇānām evābhivyaktir vāsanām

每一种颜色的活动都在记忆中留下与

活动结果相符合的痕迹。

评注 这句经文解释了前一句经文的重点。每一个行为都产生一个结果，在意识中留下印记。不仅是我们的意识导致我们的行为，而且是每一个行为都反过来在意识中留下印记，影响我们的意识。这可以帮助我们了解，是什么强大的作用力使我们成为现在的我们，以及可以使我们今后变成什么人。当我们了解这方面的内容，并决定控制这个程序时，我们就会有效地控制我们未来会成为什么人。我们如果不抓住这个机会，就只能受我们过去活动产生的各种趋向的控制。瑜伽师将运用这一力量追求至善的目标：彻底净化自己的意识，以获得永恒的自由。

4.9

जातिदेशकालव्यवहितानामप्यानन्तर्यं स्मृतिसंस्कारयोरेकरूपत्वात्

jāti-deśa-kāla-vyavahitānām apy ānantaryaṁ smṛti-saṁskārayor eka-rūpatvāt

尽管有出生、地点和时间的干扰，
但记忆和潜意识的印象的一致性，
使潜意识的印象继续存在下去。

评注 帕谭佳里在此解释了另一个与改变意识有关的重要细节。他说，我们所有的记忆和潜意识的印象，从总体表现我们目前的意识状态这一意义上看，是一致的(eka-rūpatvāt)。他还解释，这种一致性即使经历了表面中断的过程，包括时过境迁，甚至改变身体，仍然继续存在。我们的各种条件反射作用将总是以记忆的形式或潜意识中印象的形式继续存在着。因此，我们不该以为时过境迁或甚至死亡，就会使我们发生本质上的变化，成为一个完全不同于过去的人。我们只有用完善的科学方法努力改变我们的意识，我们的意识才会得到提升。我们的意识从内而外地发生变化，因为正如经文4.2所解释的，我们的意识表面所发生的一切，包括我们的躯体，都是我们不同性质的思维所产生的结果。外在的一切在我们不知不觉的情况下留下记录，对我们产生影响，但经文4.5和4.7中解释说，我们的所作所为及它们累积的结果所形成的目前我们外表的状态，都是我们培养出的各种念头所产生的结果。

这一事实使我们看清拖延的危险，等到将来才去求取灵性提升或完善自我是对自我的不负责任。我们在每一个思维过程中都在改写我们的将来。如果我们的思想是世俗、物质的，我们就只是在延续我们的尘世存在。在培养世俗思想的同时希望它们能在将来产生灵性的意识，是错误的想法。道德上正确且从尘世的角度看是纯洁的想法，有助于人内心变得平静和稳定，以便我们可以更有能力走灵性之途；但正如经文4.6中所解释的，只有超然的思想才能将我们的所作所为提升到超越尘世相对性的层面上。这说明，当下就是开始培养超然思想的最佳时刻，没有比现在更好的时刻了。我们不能允许自己认为，有比结束我们的愚昧更重要的事情要先做。怎么可能有比斩断我们的问题根源更重要的事情呢？

4.10

तासामनादित्वं चाशिषो नित्यत्वात्

tāsām anāditvaṁ cāśiṣo nityatvāt

我们无法追溯潜意识中的这些印象是从何时有的，因为导致这些印象的欲望永恒存在。

评注 梵文中有不同的方式描述永恒；这句经文中用了两个词，即“没有开始(anādi)”和“永恒(nitya)”。“没有开始”一词特别用于描述那些年代久远，根本无法追溯其开始时间的事物。这并不意味着它们从来没有开始的时间，只是没有开始的记录而已。这就是我们现有物质欲望的状况。从它们存在了无数生世的意义上说，它们是永存的，但不是永远存在下去的。梵文“永恒”一词有时用于说明在不确定的时期会一直持续下去。这意味着，除非我们强制性地终止前面经文中描述的循环，即：潜意识中的记录导致产生行动的思想，随后又被记录在潜意识中的循环，否则它会一直不断地继续下去，真正是永远都不会停止的。很显然，能终止的事情必有开始的时间。瑜伽的整个过程是要终止尘世的欲望和世俗的心理过程，而这意味着这些欲望和过程必定是从某一时刻开始的。瑜伽的程序并不是被设计用来结束我们的个体存在的，个体性永恒存在，过去存在、现在存在，将来也会继续存在下去。

4.11

हेतुफलाश्रयालम्बनैः सङ्गृहीतत्वादेषामभावे तदभावः

hetu-phalāśrayālambanaiḥ saṅgṛhītatvād eṣām abhāve tad-abhāvaḥ

潜意识中的印象被相互依存的因果连在一起；

因此，当这些因果停止存在时，

印象也随即停止存在。

评注 由于那是一个循环的过程，在整个过程的任何一处采取中断措施，都会产生相同的结果。在我们中断尘世意识循环的努力过程中，无论是靠改变我们的行为模式——外部努力，还是靠冥想和敬爱神——内在努力，我们都将有效地减弱尘世意识的力量，直到整个过程彻底结束，不再有可能重新启动。这种状态在谈到八部瑜伽的最后一个部分时被描述为潜意识中没有任何记录的纯粹的全神贯注状态(samādhi)。这是没有种子的全神贯注状态(nirbījaḥ samādhi)。

经文4.2—4.11对意识作出了精彩、重要的分析。在这几句经文中，我们分析了意识的构成，它是如何改变的，是如何与外在世界互相影响的。这句经文结束了这些分析。

4.12

अतीतानागतं स्वरूपतोऽस्त्यध्वभेदाद्धर्माणाम्

atītānāgataṁ svarūpato 'sty adhva-bhedād dharmāṇām

大自然拥有的一切以不同的速度移动，

所以万事万物中都包含着过去和未来。

评注 现在既是过去发生一切的结果，也是未来发生一切的原因。不同的原因不断地出现，在未来不同的时间里产生结果。现在是对过去原因产生并展现的结果的直接体验。有些原因会立刻产生结果，其他原因可能花很长时间才产生结果。围绕着我们所发生的一切表面不公平的事，都是对原因在起作用这一点缺乏正确理解的结果。

4.13

ते व्यक्तसूक्ष्मा गुणात्मानः

te vyakta-sūkṣmā guṇātmānaḥ

大自然拥有的这些特性，无论是可见的还是精微不可见的，就是物质事物的本质。

4.14

परिणामैकत्वाद्वस्तुतत्त्वम्

pariṇāmaikatvād vastu-tattvam

事物之所以有真实性，
是因为它在各种变化中保持其独有的特性。

评注 除了无止境的变化外，世上有基本的存在。从物质的角度看，这基本的存在是物质能量，物质能量即使经过不断地变化，但性质不变。从灵性能量(意识)的角度看，天生具有永恒的人格性和个体性的我们真实地存在着，一直不断地体验着心理的变化和肉体的更换等。即使换一种方式看问题时可以说，目前展现的任何人事物都不真实，因为很快就变了；但那也并不意味着万事万物背后的基本存在不是真实的。

4.15

वस्तुसाम्ये चित्तभेदात्तयोर्विभक्तः पन्थाः

vastu-sāmye citta-bhedāt tayor vibhaktaḥ panthāḥ

尽管一个对象保持不变，但人们因为对它
有不同的联想，所以对它的看法也各不相同。

评注 在处理人际关系时面临的最大的一个困难是，每一个人(每一个生物)都对同一个客观存在有不同的看法。我们在彼此交流时，说话的人要传达的信息和听话的人得到的信息不同。对正在讨论的问题，每一个人都有不同的看法和想法。我们永远都不要忘记，我们的意识会对客观存在进行过滤；因此，由于每一个人的意识状态都不同于其他人，我们的知觉——对事物的感知，就总是不同于他人。

4.16

न चैकचित्ततन्त्रं वस्तु तदप्रमाणकं तदा किं स्यात्

na caika-citta-tantraṁ vastu tad-apramāṇakaṁ tadā kiṁ syāt

客观存在的事物如果不符合内心的想法，还会在不知道的
情况下依然存在吗？

评注 尽管有些东方的哲学家和对量子物理学的错误解释(一类极端主观主义者)，试图让人怀疑不可察觉的对象是否真正存在，但帕谭佳里在此明确地说明，客观存在并不依赖我们这些观察者而存在，尤其因为至尊主是至高无上的观察者，一切都在祂观察的范围内。事实是，尽管不同的人以不同的方式感知客观存在，但那既改变不了客观存在本身，也不意味着它不存在。

从哲学的角度讲，如果有人坚持认为，没有什么是客观存在的，那么这样的论点和看法也不客观，因此并不通用，而这种不通用使论点本身根本站不住脚！

4.17

तदुपरागापेक्षित्वाच्चित्तस्य वस्तु ज्ञाताज्ञातम्

tad-uparāgāpekṣitvāc cittasya vastu jñātājñātam

思维知不知道一事物，基础于思维是否受到过那一事物的影响。

评注 要对客观存在有真正的理解，关键在于不偏不倚。我们越把我们的思维和偏见的包袱加在我们对客观存在的感知上，我们对客观存在的理解就越失真。要做到不偏不倚，就必须有纯净的意识。那些有纯净意识的人看一切都是神性的存在。

4.18

सदा ज्ञाताश्चित्तवृत्तयस्तत्प्रभोः पुरुषस्य अपरिणामित्वात्

sadā jñātāś citta-vṛttayas tat-prabhoḥ puruṣasya apariṇāmitvāt

控制了心念的人始终了解心念的翻转变化，因为“那人”始终不变。

评注 正如前面解释过的，梵文“菩茹沙(puruṣa)”一词来自数论哲学，被用于描述永恒的“人”(灵魂、生物、神性火花等)。当我们练瑜伽取得成功时，我们就能意识到并控制我们的心理过程，并完全意识到我们超然、永恒的原本身份。帕谭佳里在同时谈论心理过程和永恒不变的“人”时说明，生命将透过纯净的心理过程在永恒的层面上继续下去。

实际来说，为觉悟自我而作的努力，为人提供一个稳定、安全的基础，使人得以面对心理或外在的物质变化。当我们以我们的超然身份为核心思考和行事后，我们就不再受自己或他人的内心波动的打扰。

4.19

न तत्स्वाभासं दृश्यत्वात्

na tat-svābhāsaṁ dṛśyatvāt

尘世的心念不会使它本身受到启发，

因为它是物质的感知对象。

评注 与前一句谈论在擦净状态中的心念(心理过程)的经文相比，帕谭佳里在这句经文中谈的是处在尘世(物质)状态中的心念。具有尘世心念的人，无法了解真正的自我(puruṣa)。尘世的心念只不过是一个世俗的对象。在数论哲学中，尘世的心念被视为一种物质元素。尽管如此，对觉悟了自我的人来说，心念成了永恒生活中超然事件的舞台。仅仅是在尘世层面上的对自我的了解，包括对心理的详尽分析和自我反省等，并不引导人走向超然的存在，或使人最终解决问题。要想受到启发和得到解脱，我们必须采用真正超然的程序——瑜伽的程序。

4.20

एकसमये चोभयानवधारणम्

eka-samaye cobhayānavadhāraṇam

人无法同时了解思维和它思考的对象。

4.21

चित्तान्तरदृश्ये बुद्धिबुद्धेरतिप्रसङ्गः स्मृतिसङ्करश्च

cittāntara-dṛśye buddhi-buddher ati-prasaṅgaḥ smṛti-saṅkaraś ca

如果一思索是另一思索的对象，就会使内心从一种状态跳到另一种状态，造成混乱，混淆记忆。

评注 在对瑜伽心理进行分析的过程中，帕谭佳里解释说，思考本身不是被分析的对象。思考总是以它的对象为中心，而从不是它本身。

帕谭佳里在此帮助我们了解，人无法只是分析心智和它的各种想法，因为这只会导致内心的混乱状态。我们需要积极地把我们的思维导向超然存在。练瑜伽时必不可少的一个步骤是，要察觉到各种想法并引导它们；但那并不意味着只是观察并分析心念。

4.22

चितेरप्रतिसंक्रमायास्तदाकारापत्तौ स्वबुद्धिसंवेदनम्

citer apratisaṁkramāyās tad-ākārāpattau sva-buddhi-saṁvedanam

当意识纯净，从而呈现它真正的表现形式时，人就会察觉到自己的智慧。

评注 严格说来，灵性的意识是纯净的意识。当我们说尘世(物质)的意识时，我们是指有杂质、不纯净的意识。那种意识将遮蔽我们的知觉，妨碍我们用明智的方式行事。在意识不受污染的情况下，我们可以在不受愚昧影响的情况下行事。

4.23

द्रष्टृदृश्योपरक्तं चित्तं सर्वार्थम्

draṣṭṛ-dṛśyoparaktaṁ cittaṁ sarvārtham

受到观看者和被看者的影响，

思维把一切都当成它的对象。

评注 帕谭佳里再次强调，思维本身不是它思考的对象。他接着解释，思维受到观察对象和观察者的影响。这也补充了经文4.15的说明。

4.24

तदसङ्ख्येयवासनाभिश्चित्रमपि परार्थं संहत्यकारित्वात्

tad asaṅkhyeya-vāsanābhiś citram api parārthaṁ saṁhatya-kāritvāt

思维的多变由记忆中无数的记录造成，思维靠联想运作，

以达到超越它本身的目的。

评注 帕谭佳里继续他对思维的分析并解释说，思维利用记忆中的记录进行联想，以达到一定的目的，而这目的并不是思维的一部分。“超越它本身的目的”一句是指，有意识的观察者——人，所要达到的目的。因此，瑜伽的核心是为了让我们了解我们真正的身份，从而使我们的思维可以真正为我们服务。在受制约的状态中，我们错误地把自我与物质躯体及跟它有关的一切去认同，这自然使我们只把同样是物质的问题当作我们思考的核心。随着我们把经文2.1中所描述的苦行、学习圣典和敬爱神这瑜伽的三个支柱作为实践的内容，我们就会逐渐了解我们真正的身份——觉悟自我，我们思维的性质自然就会转变。

4.25

विशेषदर्शिन आत्मभावभावनाविनिवृत्तिः

viśeṣa-darśina ātma-bhāva-bhāvanā-vinivṛttiḥ

看到区别的人，停止培养以自我为中心的状态。

评注 必须分清物质与灵魂的区别。这是已经多次谈到的内容之一。

4.26

तदा विवेकनिम्नं कैवल्यप्राग्भारं चित्तम्

tadā viveka-nimnaṁ kaivalya-prāg-bhāraṁ cittam

随着这种辨别的深入，思维就会受解脱的吸引。

评注 在瑜伽训练中有一个阶段，当我们深入辨别物质和灵魂的区别时，我们自然就会以纯净的方式行事，也就是以超然的方式思考和行动。哪怕在下一句经文中谈到的我们还没有彻底净化的情况下，我们也还会有足够的超然愿望并能十分清楚地看到真相，使我们的意识自由地流向解脱(kaivalya)。

4.27

तच्छिद्रेषु प्रत्ययान्तराणि संस्कारेभ्यः

tac-chidreṣu pratyayāntarāṇi saṁskārebhyaḥ

当这种辨别中断时，使人困惑的概念就会从潜意识储存的印象中浮现。

评注 我们的意识不完全纯净时，总是存在着一个危险，即：刻录在潜意识印象中的使人困惑的概念就会浮现出来。

4.28

हानमेषां क्लेशवदुक्तम्

hānam eṣāṁ kleśa-vad uktam

消除这些困惑被说成是如同消除烦恼。

评注 我们所有的问题都来自尘世的制约，由尘世记忆和潜意识中的记录滋养着。当尘世的欲望和印象经由瑜伽的程序被消除时，由错觉及以自我为中心的意识产生的问题就永不再出现了。

4.29

प्रसङ्ख्यानेऽप्यकुसीदस्य सर्वथा विवेकख्यातेर्धर्ममेघः समाधिः

prasaṅkhyāne 'py akusīdasya sarvathā viveka-khyāter dharma-meghaḥ samādhiḥ

谁甚至在具有大量知识的情况下都不追求个人利益，而且意识到区别，谁就处在具有大量美德的全神贯注状态中。

评注 愚昧产自错误认同的自我意识，是一切问题的根源；因此，在走向彻底解脱的路途上，这种以自我为中心的概念将是我们要跨越的最后一个障碍。正如前一个部分中所谈到的特殊力量，瑜伽师所得到的高层次意识和知识也可以成为诱导他以自私的方式行事的障碍或诱惑。

这句经文中的“大量美德的全神贯注状态（dharma-meghaḥ samādhi)”一句的意思是：大量的美德及崇高的道德是灵性完美的根源。合乎道德的行为，不仅是瑜伽练习的第一个步骤(参见经文2.30和2.31)，也是结果的一部分。

这句经文中运用了一类文字游戏；帕谭佳里用了直译的意思是“放高利贷的贪得无厌之人(kusīda)”一词，“大量的(prasaṅkhyāne)”一词，以及“丰富的(meghaḥ)”一词，并接着说，那些不贪婪的人在面对知识财富时将获得丰收。

4.30

ततः क्लेशकर्मनिवृत्तिः

tataḥ kleśa-karma-nivṛttiḥ

令人苦恼的活动从此终止。

评注 帕谭佳里再次描述完美的永恒生活说，靠获得前一句经文中所讲的最终的认识，就会停止从事会制造问题的活动，但不是停止从事所有活动。完美的生活意味着有完美的心理过程和活动，而这一切都不含有自私的动机和物质的错觉。

4.31

तदा सर्वावरणमलअपेतस्य ज्ञानस्यानन्त्याज्ज्ञेयमल्पम्

tadā sarvāvaraṇa-mala-apetasya jñānasyānantyāj jñeyam alpam

随后，当遮蔽一切的污垢被清除后，曾被它遮住的无尽的知识，使人几乎了解了一切。

评注 我们可以得到无尽的知识，但它目前被遮盖住(āvaraṇa)。遮蔽这知识的是污垢(mala)，而那些污垢是指我们在整个经文，尤其是第一和第二部分经文中详细谈论过的尘世心理活动。

4.32

ततः कृतार्थानां परिणामक्रमसमाप्तिर्गुणानाम्

tataḥ kṛtārthānāṁ pariṇāma-krama-samāptir guṇānām

这无尽的知识意味着物质事物的一系列变化的结束，它们的目的得以实现。

评注 永恒的灵性生物对物质能量毫无兴趣。超然的知识使我们摆脱物质的囚禁。存在的一切物质创造，最终只是为了使我们摆脱我们自私的欲望。

4.33

क्षणप्रतियोगी परिणामापरान्तनिर्ग्राह्यः क्रमः

kṣaṇa-pratiyogī pariṇāmāparānta-nirgrāhyaḥ kramaḥ

一系列是指在变化过程结束时可以被感知到的一连串的瞬间。

评注 瑜伽师能够察觉到，物质存在只不过是一连串的瞬间变化过程连在一起的体现，目的就是为了帮助我们觉悟自我。

4.34

पुरुषार्थशून्यानां गुणानां प्रतिप्रसवः कैवल्यं स्वरूप-प्रतिष्ठा वा चितिशक्तिरिति

puruṣārtha-śūnyānāṁ guṇānāṁ pratiprasavaḥ kaivalyaṁ svarūpa-pratiṣṭhā vā citi-śaktir iti

对物质事物进程的折返逆行是解脱，那些物质事物对灵魂来说毫无意义；解脱还是意识在认识到真正本体的状态下所具有的力量。

评注 物质生活对灵魂来说毫无意义。生物追求的是产自爱的情感和感受，而不是物质能量变幻出的无生命的物体。我们都想要与他人建立关系、进行互动，但当这些关系在我们现在所体验到的受制约的状态中以不纯洁的形式存在时，它们无法带给我们彻底的满足，因此使人备感挫折。正如第三部分的结尾所解释的，当我们的意识被杂质蒙蔽，被短暂的爱好所俘获时，我们不可能体验到纯粹的爱。

梵文“解脱(kaivalya)”一词的意思是“与……结合的完美状态”；梵文“瑜伽(yoga)”的意思也是“联合、连接”。在这最后一句经文中，帕谭佳里想要强调，瑜伽程序的最终目标是与神完美地结合，恢复意识原本的状态(svarūpa-pratiṣṭhā)。再说一遍，正如帕谭佳里经常谈到，我们永恒的形象、纯净的心理过程、获得纯净的智慧和大量的美德等都是完美的结果，而不只是通向完美的阶段，因此我们根本不该认为这完美结合的结果是“融入绝对者，失去自己的个体性存在”。与其他经文一起特别强调的对神的奉爱或敬爱神，尤其是经文2.45，使瑜伽的最终目的变得极为明确，即：怀着对至尊主的爱和忠诚，与至尊主完美地结合在一起。这完美的境界中永恒存在着形象、智慧、行动，以及情感等心理过程，远离愚昧、自私、物质欲望和贪婪等污垢。

要明白这一完美境界并不容易，要达到它就更加困难。我们必须踏上《瑜伽经》中生动描述的瑜伽之途，以使自己能够逐渐净化自己的意识，达到这完美的境界。瑜伽并非只靠阅读《瑜伽经》就能练成，而是需要在更有经验的人的指导下遵守其中的教导。开始这一旅程的人将不会失望，所取得的任何进步都不会失去。